企业高技能人才职业培训系列教材

保安员
BAOANYUAN HANGKONGANQUAN
（航空安全）

（二级）

―― 编审委员会 ――

主　　任	仇朝东	胡际东	孙有文				
委　　员	顾卫东	葛恒双	葛　玮	孙兴旺	刘汉成	张　宏	刘　成
执行委员	孙兴旺	瞿伟洁	李　晔	夏　莹	高素来	沈晓晟	吴国兰

主　编	高素来						
编　者	许旻杰	邱少亮	齐　刚	王　静	吴千秋	白　晟	李佳赟
	张　晗						
主　审	张　宏						

中国劳动社会保障出版社

图书在版编目(CIP)数据

保安员：航空安全：二级/人力资源和社会保障部教材办公室等组织编写. —北京：中国劳动社会保障出版社，2015

企业高技能人才职业培训系列教材

ISBN 978-7-5167-2337-1

Ⅰ.①保… Ⅱ.①人… Ⅲ.①民用航空-航空安全-安全管理-职业培训-教材 Ⅳ.①F560.69

中国版本图书馆 CIP 数据核字(2016)第 006056 号

中国劳动社会保障出版社出版发行

(北京市惠新东街 1 号 邮政编码：100029)

*

北京市艺辉印刷有限公司印刷装订 新华书店经销

787 毫米×1092 毫米 16 开本 6.25 印张 98 千字

2016 年 1 月第 1 版 2016 年 1 月第 1 次印刷

定价：25.80 元

读者服务部电话：(010) 64929211/64921644/84626437

营销部电话：(010) 64961894

出版社网址：http://www.class.com.cn

版权专有 侵权必究

如有印装差错，请与本社联系调换：(010) 50948191

我社将与版权执法机关配合，大力打击盗印、销售和使用盗版图书活动，敬请广大读者协助举报，经查实将给予举报者奖励。

举报电话：(010) 64954652

内容简介

本教材由人力资源和社会保障部教材办公室、中国就业培训技术指导中心上海分中心、上海市职业技能鉴定中心、中国东方航空股份有限公司培训中心依据保安员（航空安全）（二级）职业技能鉴定细目组织编写。教材从强化培养操作技能，掌握实用技术的角度出发，较好地体现了当前最新的实用知识与操作技术，对于提高从业人员基本素质，掌握保安员（航空安全）（二级）的核心知识与技能有直接的帮助和指导作用。

本教材以既注重理论知识的掌握，又突出操作技能的培养，实现了培训教育与职业技能鉴定考核的有效对接，形成一套完整的保安员（航空安全）培训体系。本教材内容共分为4章，主要包括：航空器守护、安全防范、应急处置和空防业务培训指导。

本教材可作为保安员（航空安全）（二级）职业技能培训与鉴定考核教材，也可供本职业从业人员培训使用，全国中、高等职业技术院校相关专业师生也可以参考使用。

企业技能人才是我国人才队伍的重要组成部分，是推动经济社会发展的重要力量。加强企业技能人才队伍建设，是增强企业核心竞争力、推动产业转型升级和提升企业创新能力的内在要求，是加快经济发展方式转变、促进产业结构调整的有效手段，是劳动者实现素质就业、稳定就业、体面就业的重要途径，也是深入实施人才强国战略和科教兴国战略、建设人力资源强国的重要内容。

国务院办公厅在《关于加强企业技能人才队伍建设的意见》中指出，当前和今后一个时期，企业技能人才队伍建设的主要任务是：充分发挥企业主体作用，健全企业职工培训制度，完善企业技能人才培养、评价和激励的政策措施，建设技能精湛、素质优良、结构合理的企业技能人才队伍，在企业中初步形成初级、中级、高级技能劳动者队伍梯次发展和比例结构基本合理的格局，使技能人才规模、结构、素质更好地满足产业结构优化升级和企业发展需求。

高技能人才是企业技术工人队伍的核心骨干和优秀代表，在加快产业优化升级、推动技术创新和科技成果转化等方面具有不可替代的重要作用。为促进高技能人才培训、评价、使用、激励等各项工作的开展，上海市人力资源和社会保障局在推进企业高技能人才培训资源优化配置、完善高技能人才考核评价体系等方面做了积极的探索和尝试，积累了丰富而宝贵的经验。企业高技能人才培养的主要目标是二级（高级）、二级（技师）、一级（高级技师）等，考虑到企业高技能人才培养的实际情况，除一部分在岗培养并已达到高技能人才水平外，还有较大一批人员需要从基础技能水平培养起。为此，上海市将企业特有职业的五级（初级）、四级（中级）作为高技能人才培养的基础阶段一并列入企业高技能人才培养评价工作的总体框架内，以此进一步加大企业高技能人才培养工作力度，提高企业高技能人才培养效果，更好地实现高技能人才

培养的总体目标。

为配合上海市企业高技能人才培养评价工作的开展,人力资源和社会保障部教材办公室、中国就业培训技术指导中心上海分中心、上海市职业技能鉴定中心联合组织有关行业和企业的专家、技术人员,共同编写了企业高技能人才职业培训系列教材。本教材是系列教材中的一种,由中国东方航空股份有限公司培训中心负责具体编写工作。

企业高技能人才职业培训系列教材聘请上海市相关行业和企业的专家参与教材编审工作,以"能力本位"为指导思想,以先进性、实用性、适用性为编写原则,内容涵盖该职业的职业功能、工作内容的技能要求和专业知识要求,并结合企业生产和技能人才培养的实际需求,充分反映了当前从事职业活动所需要的核心知识与技能。教材可为全国其他省、市、自治区开展企业高技能人才培养工作,以及相关职业培训和鉴定考核提供借鉴或参考。

新教材的编写是一项探索性工作,由于时间紧迫,不足之处在所难免,欢迎各使用单位及个人对教材提出宝贵意见和建议,以便教材修订时补充更正。

企业高技能人才职业培训系列教材
编审委员会

第1章 航空器守护   PAGE 1

  1.1 报警与移交程序及相关表单 ………………………………………… 3
  1.2 对航空器的巡保要求 …………………………………………………… 12
  1.3 对航空器的巡保行为规范 ……………………………………………… 14

第2章 安全防范   PAGE 19

  2.1 异常行为辨别 …………………………………………………………… 21
  2.2 机组协同 ………………………………………………………………… 39

第3章 应急处置   PAGE 43

  3.1 机上创伤处置 …………………………………………………………… 45
  3.2 运动损伤的防治方法 …………………………………………………… 69
  3.3 生化隔离 ………………………………………………………………… 78

第4章 空防业务培训指导   PAGE 85

第 1 章

航空器守护

1.1 报警与移交程序及相关表单

1.2 对航空器的巡保要求

1.3 对航空器的巡保行为规范

1.1 报警与移交程序及相关表单

学习目标

- 熟悉民航安检机构报警与移交程序。
- 掌握航班机组报警与移交程序及相关表单的作用。

1.1.1 民航安检机构、航班机组报警和民航（机场）公安警情处置规定

1. 总则

（1）为完善民航案（事）件空地一体化联动机制，促进民航安检机构、航班机组与民航（机场）公安机关处置案（事）件工作有效衔接，规范民航（机场）公安机关执法工作，根据有关法律、法规及规章，制定本规定。

（2）本规定适用于民航案（事）件中民航安检机构、航班机组报警，民航（机场）公安机关接警、处警，及上述单位间的工作衔接、信息反馈与报送等相关工作。其他民航企事业单位可以参照本规定制作规范性文书，配备相应设备，建立相关工作机制。

（3）各民航（机场）公安机关应当按照本规定建立具体的工作制度，并纳入执法规范化建设机制。各民航（机场）公安机关法制部门负责本单位民航案（事）件处置情况的执法监督。

（4）机场应当按照本规定建立具体工作制度，并纳入其航空安保方案。机场应当为其设立的安检机构配备便携式音视频采集设备，建立相应的使用工作程序。机场设立的安检机构应当按照本规定要求制作安检移交时所需的规范性文书，并将其纳入安检人员岗位手册。

（5）公共航空运输企业应当按照本规定建立具体工作制度，并纳入其航空安保方案。公共航空运输企业应当为其设立的安检机构、航班机组配备便携式音视频采集设备，并建立相应的使用工作程序。公共航空运输企业设立的安检机构应当按照本规定要求制作安检移交时所需的规范性文书，并将其纳入安检人员岗位手册。公共航空运输企业应当按照本规定要求制作航班机组移交时所需的规范性文书，并将其纳入空中安全保卫人员工作手册。

（6）民航（机场）公安机关与辖区内机场、相关公共航空运输企业应当定期组织协调工作会议，就案（事）件移交情况进行沟通，协商解决案（事）件移交工作中出现的问题。

（7）为提高民航案（事）件处置工作效率，民航安检机构、航班机组等相关部门应当按照本规定要求做好案（事）件移交前的准备工作。民航（机场）公安机关对于事实清楚、情节轻微的案（事）件应从快处理，保障民航运输正常运营秩序。民航（机场）公安机关对移交案（事）件决定不予立案或不予处罚的，应将该结果立即反馈移交单位。

（8）机场、公共航空运输企业应当按照本规定组织开展相关培训工作，并纳入本单位的航空安保培训计划。

2．用语定义

（1）"民航案（事）件"，是指危害民航安全、扰乱民航正常运营秩序，或者在民用航空器上实施涉嫌违法犯罪的行为。

（2）"省（自治区、直辖市）民航（机场）公安机关"，是指各省（自治区、直辖市）民航公安机关，或者直接隶属于省（自治区、直辖市）公安厅（局）的机场公安机关。

1.1.2 民航安检机构报警与移交程序

1．民航安检机构的处置程序

民航安检机构在工作中发现违法犯罪行为的，应及时报警，并做好以下工作：

（1）按照本单位处置工作预案采取必要措施。

（2）及时收集相关证据。

（3）规范填写《安全检查报警单（旅检）》或《安全检查报警单（货检）》。

（4）妥善保护涉案材料及物品。

（5）积极配合民航（机场）公安机关的调查取证工作。

2. 民航安检机构应随案（事）件移交的材料

（1）《安全检查报警单（旅检）》或《安全检查报警单（货检）》。

（2）涉案物品。

（3）从事航空货运的货物报检人相关资质证明。

（4）航空货运单、货物安检申报材料等证据材料（货检）。

（5）当事人身份证件、乘机凭证（旅检）。

（6）与安检有关的物证、书证、视听资料等证据。

处警民警确认安检机构移交物品、材料完整后，应在《安全检查报警单（旅检）》或《安全检查报警单（货检）》上签字，完成交接程序。

1.1.3 航班机组报警与移交程序

1. 机组的处置程序

航班机组在执行航班任务时，发现违法犯罪行为的，应当及时报警，并做好以下工作：

（1）按照本单位机上突发事件处置预案采取必要措施，及时控制事态发展，防止矛盾激化。

（2）及时收集相关证据。

（3）规范填写《航班机组报警单》。

（4）妥善保护涉案材料及物品。

2. 航班机组应随案（事）件移交的材料

（1）《航班机组报警单》。

（2）与案件有关的物证、书证、其他旅客证人证言等证据材料。

（3）机组采集的相关视听资料。

（4）《移交证据清单》。

处警民警确认机组移交物品、材料完整后，应在《航班机组报警单》上签字，完成交接程序。

1.1.4　信息反馈与报送

1. 信息反馈

（1）民航（机场）公安机关应与民航安检机构、公共航空运输企业保卫部门建立有效的信息沟通、反馈机制。

（2）民航（机场）公安机关在移交案（事）件办理完毕后，应当及时向机场或公共航空运输企业相关部门反馈有关信息。

2. 信息报送

（1）省（自治区、直辖市）民航（机场）公安机关负责本省范围内民航公安执法案（事）件处理情况的信息汇总工作，每月26日前上报所属地区管理局公安局，地区管理局公安局汇总后，每月最后一天前上报民航局公安局。

省（自治区、直辖市）民航（机场）公安机关应参照本规定，制定本辖区内的机场公安机关案（事）件上报规定。

（2）机场设立的安全机构、公共航空运输企业保卫部门及时汇总民航安检机构、航班机组移交民航案（事）件处置情况的信息，填写《安检移交公安机关处置案（事）件月份统计表》《航班机组移交公安机关处置案（事）件月份统计表》，于每月26号之前，汇总上报所属地区管理局公安局。地区管理局公安局汇总后，每月最后一天前上报民航局公安局。

1.1.5　监督与保障

1. 监督

（1）民航局公安局、民航地区管理局应按照本规定，对机场、公共航空运输企业对本规定的落实情况实施监督检查。

（2）民航局公安局、民航地区管理局公安局、省（自治区、直辖市）民航（机场）公安机关应按照本规定，对各所辖区域的民航（机场）公安机关对本规定的落实情况及民航公安执法办案情况实施监督检查，并将其结果作为各民航（机场）公安机关执法质量考评的重要依据。

2. 保障

（1）机场、公共航空运输企业违反本规定的，民航地区管理局依据《民用航空运输机场航空保卫规则》《公共航空运输企业航空安全保卫规则》有关规定对其予以行政处罚。

(2) 各民航（机场）公安机关违反本规定，不反馈、不报送相关信息，由民航局公安局、地区管理局公安局责令其改正并作为其执法质量考评结果的衡量因素。

1.1.6 相关表单

1. 安全检查报警单（旅检），见表1—1

表1—1　　　　　　　　　安全检查报警单（旅检）

报警日期及时间	年　月　日　时　分		
具体位置及时间	验证（　）人身（　）随身行李（　）托运行李（　）其他： 查出时间：　　年　月　日　时　分		
发现人信息	姓名：　　　　　　　联系电话： 证件种类及号码：		
被移交人信息	姓名：	性别：	航班号：　　　座位号：
	国籍：		证件种类及号码：
移交简要情况	经安全检查，被移交人存在下列第（　）种疑似违法行为： 1. 使用疑似冒用证件（　） 2. 使用疑似伪造、变造证件（　） 3. 在托运行李中夹带危险品（　） 4. 随身携带危险物品（　） 5. 在人身或行李中藏匿携带危险物品或限带物品（　） 6. 不配合安全检查、堵塞安检口或冲闯安检现场，扰乱安检正常工作秩序（　） 7. 扬言实施防火、爆炸、投放危险物质扰乱安全检查工作秩序（　） 8. 在安检通道内盗窃其他旅客财物（　） 9. 其他 　　　　　　　　　　　　　　　　　　　　　　　报警人： 　　　　　　　　　　　　　　　　　　　　　　　年　月　日		
简要描述			
值班领导意见	按规定移交公安机关调查处理。　　　　签名：		
到达现场处置民警 （签名）		移交公安机关时间： 　　　年　月　日　时　分	

2. 安全检查报警单（货检），见表1—2

表1—2　　　　　　　　　安全检查报警单（货检）

报警日期时间	年　月　日　时　分		
具体位置	货检　　　号检查通道　　　岗位　　　查出时间：		
发现人信息	姓名：		联系电话：
	证件种类及号码：		
简要情况	在检查（托运人）_____公司，经办人_____，运单号_____至_____的货物中，发现有可疑物品，经开包确认为_____，存在_____的违法嫌疑，现将报警单、航空货运单（复印件）及查货的上述相关物品等提供公安机关调查处理。 　　　　　　　　　　　　　　　　　　　　　报警人： 　　　　　　　　　　　　　　　　　　　　　　　年　月　日		
值班领导意见	按规定移交公安机关调查处理。　　　　签名：		
到达现场处置民警（签名）		移交公安机关时间： 年　月　日　时　分	

3. 航班机组报警单，见表1—3

表1—3　　　　　　　　　航班机组报警单

公共航空运输企业：　　　　　　　　　　　　　　　编号：

时间	航班号	飞机号	航段
案（事）件发生地点	区域		其他（详细）

续表

移交简要情况	被移交人存在下列第（　）种疑似违法行为： 1. 非法劫持航空器（　）；2. 毁坏使用中的航空器（　）；3. 在航空器上扣留人质（　）；4. 强行闯入航空器（　）；5. 为犯罪目的而将武器或危险装置或材料带入航空器（　）；6. 利用使用中的航空器造成死亡、严重人身伤害，或对财产或环境的严重破坏（　）；7. 散播危害飞行中或地面上的航空器、机场或民航设施场所内的旅客、机组、地面人员或大众安全的虚假信息（　）；8. 强占座位、行李架（　）；9. 打架斗殴、寻衅滋事（　）；10. 猥亵妇女儿童和性骚扰（　）；11. 传播淫秽物品及其他非法印制物（　）；12. 使用明火或者吸烟（　）；13. 违规使用手机或其他禁止使用的电子设备（　）；14. 盗窃、故意损坏、擅自移动航空器设施设备（　）；15. 机上盗窃公私财物（　）；16. 危及民用航空安全和扰乱客舱秩序的其他行为（　）
简要描述（包括时间、地点、事件、当事人、起因及经过）	年　月　日　时　分_____ _____ _____ _____ _____。现将有关证据材料提供公安机关调查处理。 报警人： 　年　月　日

证人1	姓名		联系电话		证件号码	
	陈述					
	愿意向执法机关或法院提供证据				（　）是　（　）否	
证人2	姓名		联系电话		证件号码	
	陈述					
	愿意向执法机关或法院提供证据				（　）是　（　）否	
当事人1	姓名	性别	年龄	座位号	证件号码	
当事人2	姓名	性别	年龄	座位号	证件号码	

续表

当事人3	姓名	性别	年龄	座位号	证件号码

当事人4	姓名	性别	年龄	座位号	证件号码

当事人5	姓名	性别	年龄	座位号	证件号码

机长意见	按规定移交公安机关调查处理。		签名：	
航班机组报警人	姓名		联系电话	
	证件种类及号码			
到达现场处置民警（签名）		移交公安机关时间： 年 月 日 时 分		
处置结果反馈信息接收单位		（本单位总部保卫部24 h电话传真）		

4．移交证据清单，见表1—4

表1—4　　　　　　　　　　移交证据清单

编号	名称	数量	特征	备注

续表

编号	名称	数量	特征	备注

提交人	受案民警
年　月　日	年　月　日

5. 公安机关处置航班机组移交案（事）件信息反馈单，见表1—5

表1—5　　　　公安机关处置航班机组移交案（事）件信息反馈单

编号：

移交信息	时间	航班号	飞机号
	航段	区域	报警单号

事件认定	经过调查，_____的行为属于_____（违法行为名称）的违法行为，违法情节或违法程度_____。

处置结果	依据_____，处理结果是_____。

反馈单位	

反馈单位：

时间：

注：用于公安机关向航班机组所属公共航空运输企业保卫部门反馈。

1.2 对航空器的巡保要求

学习目标

➢ 熟练掌握在不同航线和不同机场,对航空器守护期间的巡保要求。

1.2.1 特殊机场的巡保要求

1. 特殊机场的定义

特殊机场是指飞机所到达的机场,因战争、设备、人力、自然现象等原因,导致没有地面监护人员对飞机实施监护,地面无法实施对旅客的安全检查,也无法对货物或行李装载过程实施监护和安全检查,以及无法对拟登机人员的身份进行确认。

2. 特殊情况下的巡保

(1) 划定飞机停场期间的监护范围,一般为矩形,长度以飞机头尾为基准,前后各向外扩大 1 m;宽度以飞机双翼为基准,左右各向外扩大 1 m,防止无关人员和物品靠近飞机。

(2) 对飞机外部实施有效监护,监护时应根据实际情况选择监护站位或变化监护站位,确保视线能覆盖整个监护区域。

(3) 清理区域内无关的设备、物品和车辆等,并对可疑物品进行有效处置,确保无关物品进入监护区域。

(4) 对进入监护区域内所有地面工作人员均要进行身份确认,确认其持有证件的有效性。对欲登机的地面工作人员还须采用目测和仪器相结合的方式对其实施二次安全检查,确保无关人员进入监护区域和客舱。

(5) 对待装载的行李和货物用目测和仪器相结合的方式,实施二次安全检查,并对整个装载过程实施监护,直至货舱门关闭。

(6) 向随机机务人员了解随机备用航材的相关信息,包括存放位置、外形图标、航材数量等,并提醒随机机务人员自行做好备用航材的监护工作。

(7) 对客舱内储藏柜、行李架、隔板、卫生间、座椅周围、救生衣存放处、服务舱等容易藏匿和夹带物品的区域实施清舱。

(8) 对非机组人员进入客舱后的行为进行监控,有必要时,要对非机组人员经过的区域采用目测和仪器相结合的方式实施再次检查。

(9) 食品、书报杂志和机供品在配载时，航空保安员必须要求和协同乘务组对食品及机供品的数量进行清点，并对餐车、干果箱、水壶箱、垃圾桶、书报杂志等物品进行安全检查，防止外来物品混装入飞机。

(10) 确认所有登机旅客持有有效登机牌，并采用目测和仪器相结合的方式，对所有登机旅客的人身和随身行李实施二次安全检查，杜绝任何可疑人员和物品进入客舱。

1.2.2 对停场期间专、包机的巡保要求

1．对航空器周围的巡保

(1) 航空保安员协助清理现场与专机无关的设备、物品和车辆，并及时正确处置可疑物品。

(2) 航空保安员对提供专机使用的客梯车、食品车、供气、供水、供电车等设备进行安全检查，严防无关物品带入专机现场。

(3) 食品及机供品在向专机配载时，航空保安员应对食品及机供品的安全进行清点和检查，防止外来物品混装入飞机，确保配载物品数量一致。

(4) 书报杂志在向专机配载时，航空保安员应对书报杂志的安全进行清点和检查，防止外来物品混装入飞机，确保配载物品数量一致。

(5) 航空保安员负责对专机人员行李的装机过程实施监控，直至关闭货舱门。

2．对客舱的巡保要求

(1) 航空保安员应随时对客舱座位、厕所和地板等易引起火患的部位进行安全检查。

(2) 航空保安员应对易藏匿物品的区域，特别是要客座位的周边座位进行安全检查，确保客舱安全。

3．对航空油样留取的巡保

(1) 提醒飞行机组人员按照《中国民用航空专机工作细则》做好专机油样留取工作，并由飞行机组人员协同油料部门将留取的油样和油品质量保证书进行铅封后交油料部门保存，直至专机任务完成三天后止。

(2) 由航空安保员协同机组完成对留取油样的铅封工作。

4．对随机航材的巡保

(1) 了解航材的相关信息，如有无航材、具体位置、相关外形图标等。

(2) 对随机航材装机前做安全检查。

（3）监控装机过程。

（4）外站期间，由专机随机机务人员自行做好监管工作。

5．其他巡保要求

（1）航空保安员提前 3 h 前往机场进行飞机交接。

（2）提醒其他机组成员，专机上不得进行任何试验性工作，不得安装试用品或超过规定时限的部（附）件。

1.3　对航空器的巡保行为规范

学习目标

➢ 熟练掌握在不同性质任务时航空器守护的巡保行为规范。

1.3.1　正常航班中的巡保行为规范

1．站立

（1）站立时身体要端正、挺拔，重心放在两脚中间，挺胸、收腹，两肩要平，放松，两眼自然平视，嘴微闭，面带笑容。平时双手交叉放在体后，与人谈话时应上前一步，双手交叉放在体前。

（2）女性航空保安员站立时，双脚应呈"V"字形，双膝与脚后跟均应靠紧。男性航空保安员站立时，双脚可以呈"V"字形，也可以双脚打开与肩同宽，但应注意不能宽于肩膀。

（3）站立时间过长感到疲劳时，可一只脚向后稍移一步，呈休息状态，但上身仍应保持正直。

（4）站立时不得歪脖、斜肩、弓背、O 腿等，双手不得交叉，也不得抱在胸口或插入口袋，不得靠墙或斜倚在其他支撑物上。

2．行走

（1）行走时身体重心可稍向前倾，昂首、挺胸、收腹，上体要正直，双目平视，嘴微闭，面露笑容；肩部放松，两臂自然下垂摆动，前后幅度约 45°；步幅要适中，一脚踩出落地后，脚跟离未踩出脚脚尖距离大约是自己的脚长。

（2）行走前进路线。女性航空保安员走一字线，双脚跟走成一条直线，步子较小，行如和风；男性航空保安员双脚跟走成两条直线，迈稳健大步。

（3）行走时路线一般靠右行，不可走在路中间。行走过程遇客人，应自然注视对方，点头示意并主动让路，不可抢道而行。如有急事需超越时，应先向客人致歉再加快步伐超越，动作不可过猛。在路面较窄的地方遇到客人，应将身体正面转向客人；在来宾面前引导时，应尽量走在宾客的侧前方。

（4）行走时不能走"内八字"或"外八字"，不应摇头晃脑、左顾右盼、手插口袋、吹口哨、慌张奔跑或与他人勾肩。

3．蹲姿

（1）拾取低处物品时不能只弯上身、翘臀部，而应采取正确的蹲姿。

（2）下蹲时两腿紧靠，左脚掌基本着地，小腿大致垂直于地面，右脚脚跟提起，脚尖着地，微微屈膝，移低身体重心，直下腰拾取物品。

4．手势

（1）在接待、引路、向客人介绍信息时，要五指并拢伸直，掌心不可凹陷（女性航空保安员可稍稍压低食指）。掌心向上，以肘关节为轴。

（2）眼望目标指引方向，同时应注意客人是否明确所指引的目标。

（3）切记不可只用食指指指点点，而应采用掌式。

1.3.2 执行专、包机航空器的巡保行为规范

当即将或止在执行专、包机停场守护时，航空保安员必须手戴白色手套，并且严格按照站、立、行的行为规范标准实施巡保工作。

1．立正

（1）两脚尖向外分开约60°，两脚挺直，小腹微收，自然挺胸，上体正直，微向前倾；两肩要平稍向后张；两臂下垂自然伸直，四指并拢自然微曲，拇指尖贴于食指第二关节，中指贴于裤缝；头要正，颈要直，下颌微收，两眼向前平视稍高。

（2）三挺、三收

1）三挺。挺膝，挺胸，挺颈。

2）三收。收小腹，收臀部，收下颌。

（3）一顶、一睁

1）一顶。胸部向前上方顶。

2）一睁。眼睛睁大有神。

（4）一垂、一贴

1）一垂。双臂自然下垂。

2）一贴。双手贴于大腿外侧中央部位。

（5）运气。站立时，深吸一口气，用半口气保持挺胸，用半口气喘息。

（6）用劲

1）两脚向前的扒力和脚后跟的蹬力。

2）膝盖向后的压力和向内旋转的夹力。

3）小腹向上的收力和臀部向前的收力。

4）胸部向前上方的挺力。

5）两肩向后下方的张力。

6）双手向内的贴力。

7）颈部向后、向上的挺力。

8）头部向上的顶力。

2. 停止间转法

（1）向右转。以右脚跟为轴，右脚跟和左脚掌前半部同时用力，使身体和脚协调一致地向右转动90°，重心落于右脚，左脚取捷径迅速靠拢右脚，成立正姿势。半面向右转按照向右转的动作要领向右转动45°。

（2）向左转。以左脚跟为轴，左脚跟和右脚掌前半部同时用力，使身体和脚协调一致地向左转动90°，重心落于左脚，右脚取捷径迅速靠拢右脚，成立正姿势。半面向左转按照向左转的动作要领向左转动45°。

（3）向后转按照向右转的方式向后转动180°。

（4）动作迅速，节奏分明，要"快、稳、准、狠"。

1）快。转体要快，靠脚要快。

2）稳。做动作时上体要稳，节奏要稳。

3）准。转体位置准确，靠脚位置准确。

4）狠。靠脚时要有力。

3. 齐步的行进与停止

（1）齐步行进时左脚向正前方迈出约75 cm，按照先脚跟后脚掌的顺序着地，同时身体重心前移，右脚照此法动作。上体正直，微向前倾，手指轻轻握拢，拇指贴于食指第二关节，两臂前后自然摆动。向前摆臂时小臂自然向里合，手心向内并稍向下，拇指跟部对正衣扣线，并与最下方衣扣同高，离身体约25 cm；向后摆臂时手臂自然伸直，手腕前侧距裤缝线约30 cm，行进速度每分钟116～122步。

（2）起步停止时左脚再向前大半步，脚尖向外约 30°，两腿挺直，右脚取捷径迅速靠拢左脚的同时将两臂放下，成立正姿势。

（3）脚腕稍用力，脚跟先着地，膝盖向后压，重心向前移，两臂自然摆，前推后要压。

（4）行进时，动作要上下协调，自然美观、步幅要准确，速度要适当。

4. 跑步的行进与停止

（1）跑步走时双手握拳并迅速提于腰际（四指蜷握，拇指贴于食指第一关节和中指第二关节），约与腰带同高，拳心向内，肘部稍向里合。

（2）上体微向前倾，两腿微弯，左腿利用右脚掌的蹬力迅速向正前方跃出约 85 cm，前脚掌先着地，同时身体重心前移，右脚照此法动作；两臂前后自然摆动，向前摆臂时，大臂略直，肘部贴于腰际，小臂略平，稍向里合，两拳内侧各距衣扣线约 5 cm。

（3）向后摆臂时，拳贴于腰际，行进速度每分钟 170～180 步。

（4）跑步走停止时，继续向前跑两步，然后左脚再向前大半步，（两拳收于腰际，停止摆动）右脚靠拢左脚的同时将两手放下，成立正姿势。

（5）跑步行进时，上体要保持正直，重心稍向前倾，利用两脚的弹力前进，两臂摆动自然，体现前推后拉，前不露肘后不露手。

第 2 章

安全防范

2.1 异常行为辨别

2.2 机组协同

2.1 异常行为辨别

学习目标

➢ 了解心理异常行为的基本判别理论和对可疑人、物的辨识。

➢ 在机上执勤时，能发现可疑人，分析出可疑人的心理动态和行为企图，为后续的正确处置和布控提供支撑。

2.1.1 心理异常概述

1. "心理异常"的界定

心理异常是指个体在某个时段或长期没有能力按社会认可的适宜的方式行动，以致其行为后果对本人或社会是不适宜的心理状态。

心理异常通常有以下三个基本特征：

（1）心理反应失去了合理性，即心理活动或行为表现与现实环境失去同一性和合理性。心理是客观现实的反映，任何人在其成长发育过程中，都会形成对外界事物的特定反应模式。例如，人在受到侮辱时会产生反感甚至愤怒的反应。如果个体的反应与现实环境保持一致，即一个人的心理活动和行为表现与现实环境是相适应的，那么该模式就是正常的。这会使个体与周围的人和事的交往保持动态平衡，让他人感觉自己对外界刺激所做出的反应，无论在形式上还是内容上都是合理的、必然的。如果心理反应与现实环境的同一性遭到破坏，个体对社会环境等的刺激会做出令人难以理解的反应。例如，无缘无故地发怒，或者受到微不足道的刺激就不顾场合地大发雷霆，这就给人难以理解、不合情理的感觉，说明已经出现了心理异常。

（2）心理过程失去了协调性，即心理过程及其相互之间或心理过程和行为表现之间失去协调一致性。心理过程包括认知过程、情感过程和意志过程。正常人的心理过程，无论是同一心理过程的各种心理现象之间，如认知过程的感知、记忆、思维等心理现象之间，还是不同心理过程之间，如认知、情感、意志过程之间，抑或是心理过程和相应行为表现之间，如个体情绪情感过程与相应情绪反应之间，都必定具有协调性、统一性，即彼此之间必然是协调的。正是这种协调一致性保持了个体在反映客观环境时的高度精确性和有效性。例如，在情感过程中，个体遇到喜事而产生愉快的情绪体验，并用愉快的语调表达，做出高兴的行为举止，都说明其心理是健康的。但是，如果这种协调一致性遭到了破坏，如个体用低沉无力的语调，甚至伴有痛苦的表情来表达内心愉快的情绪体验，或者用欢欣的语气讲述令人悲伤的经历等，则被视为心理异常。

（3）个性特征失去了稳定性，即心理活动及其行为表现构成的独特的个性特征失去相对稳定性。任何心理过程在每个人身上的表现，都会形成相对稳定的个性心理特征。这种个性特征是长期的生活经历过程中形成的，个性特征一旦形成，就既具有区别他人的独特性，又具有不易改变的稳定性。相对稳定的个性特征是不会轻易改变的，会时时处处明显地表现出来。例如，性格乐观外向的人，平时总会给人热情爽朗的感觉。当然，如果外界环境发生了重大变化，个性特征也有可能发生改变。但如果外界环境没有什么大的变化，没有足以使个性稳定性改变的明显原因，而个性特征却出现了令人难以理解的改变，并且持续时间长，难以回复，那么其心理有可能发生了异常。

2．心理异常的类型

通常可分为2类：

Ⅰ非病理性心理异常：一般心理问题。

Ⅱ病理性心理异常：心理障碍。

（1）一般心理问题也称心理失衡。一般心理问题是轻微的心理异常，是正常心理活动中的局部异常状态。一般心理问题通常不存在心理状态的病理性变化，具有明显的偶发性和暂时性，常与一定的情景相联系，由一定的情景诱发。在脱离诱发情景时，个体的心理活动则可完全正常。例如，学生在考场出现的情绪过度紧张、思维反应迟钝等心理异常，以及可能由此引发的出汗、尿频、头晕等生理异常，就属于一般心理问题范畴。一旦脱离考试场合，学生这些心理和生理上的异常变化即可消失。

（2）心理障碍作为心理异常的一种表现类型，是从狭义上讲的（广义的心理障碍就是心理异常），也称为心理缺陷，是心理状态的病理性变化，属于心理病理学的范畴。心理障碍具有明显的持久性和特异性，与一定的情景无必然联系。心理障碍并非必定由一定的情景直接诱发，但在一定的情景下可以加重，它通常由严重的脑功能失调或脑器质性病变引起，但也可以是一般心理问题累积、迁延、演变的表现和结果。

2.1.2　一般心理问题

1. 偏执

偏执是指极端固执、刚愎的人格表现缺陷。

偏执的人通常自信心过强，只信任自己，不信任别人，喜欢随便怀疑，处处争议，显得异常固执、任性、刚愎自用。所谓"人格表现缺陷"是指具有人格缺陷样的表现，而并非指严格意义上的"人格缺陷"。

偏执常常在以下情景中发生：有了一点成绩，便狂妄自大，自认为能力非凡，事事都会成功；听到别人发表不同意见，便反驳争论，不论别人是否站得住脚，直到把别人批得"体无完肤"，显得傲慢固执；当别人某方面超过了自己，就嫉妒不已，到处贬低、攻击别人；碰到挫折时，始终自以为是，不总结经验教训，不撞南墙不回头。

偏执是一般心理问题中最接近心理疾病的一种，应当特别引起重视，如果不及时控制和矫正，就有可能演变为偏执性人格障碍。

偏执与顽固执拗不同。顽固执拗是一种不良的意志品质，表现为只承认自己的意识和论据，即使实践证明行为错误，仍一意孤行。其实质是不能实事求是地正确对待和处理行动中的困难，是自尊心过强的表现，通常不会因为别人超过自己而妒火中烧。偏执则给人一种以自我为中心、好走极端、咄咄逼人的感觉。

2. 多疑

多疑是指神经过敏、疑神疑鬼的人格表现缺陷。

有多疑心态的人，常常通过主观"想象"把生活中发生的对己不利的偶然事件看作是有意为之的必然事件；把对己不利的孤立事件当作有联系的必然事件；把生活中发生的正常事件看作是精心策划的必然事件。例如，看到别人在一起谈论问题就以为是在说自己的坏话，还常常把别人的好意曲解为恶意，在人际交往中自筑鸿沟。

多疑的心态一旦形成，比较顽固，需要警惕，它可以导致偏执性人格障碍。单纯的多疑，在成为一个行为模式以前，通常是在误会或有人搬弄是非的情况下才会发生。也就是说，只有在一定的情景下，有多疑的心态的人才会以主观现象代替客观事实。在多数正常情况下，在没有诱发情景的时间里，个体不会有多疑心态。

多疑与猜疑不同。猜疑是一般的怀疑，可能是毫无道理的猜测，但也可能有一定的道理，甚至符合客观实际。正常的猜疑人皆有之，不属于心理问题。多疑则是猜疑的极端状态，绝大多数是无端生疑，通常是在成见、偏见或对刺激过于敏感的基础上发生，不仅在量上更多表现为猜疑，在质上也大多毫无根据，是心理失衡的表现。

3. 无端烦恼

无端烦恼是指无缘无故烦躁、苦恼的消极情绪。

正常的烦恼人皆有之，不属于心理问题，而无端烦恼是莫名烦恼、自寻烦恼，是心理失衡的表现。"杞人忧天"就是无端烦恼的典型。

无端烦恼是在一定的情景下才出现的。例如，生活顺利却担心"天有不测风云"；子女尚幼却因担心其将来考不上大学而心烦；身体偶尔不适就担心患上重病而苦恼不已，等等。这些都是在相应的情景中胡思乱想、患得患失而惴惴不安的结果。由于引起无端烦恼的情景较多，所以有无端烦恼的人常常感到烦恼无处不在、无时不有。

有无端烦恼的人，表面上看来烦恼似乎是有缘故的，但只是一种没有根据或根据不充分的想象，是自寻烦恼和折磨，并觉得难以自拔，因此更加烦恼。

无端烦恼与生活中正常的烦恼不同。正常的烦恼是由于客观存在的原因引起的，人人都有体验，而无端烦恼是建立在"假设"基础上的，即引起烦恼的原因是主观想象出来的，并非客观存在。这是无端烦恼与生活中正常烦恼的本质区别。"世上本无事，庸人自扰之"就是无端烦恼者的写照。

4. 消沉

消沉是指心灰意冷、沮丧颓唐的消极情绪。

消极通常在以下情景中产生：一种是梦寐以求的渴望变成失望时，由于对自己的能力估计过高，认识不到现实生活的复杂性，消沉心理就会油然而生；一种是意志薄弱，禁不起风浪，一遇到挫折就灰心失望，觉得命运总跟自己作对；还有一种是受错误人生观、价值观影响，认为人生不过如此，什么理想、信念均是无稽之谈，整天浑浑噩噩，消极混世。

消沉与委顿不同。委顿也表现为精神不振，但通常是由躯体疲乏引起的，持续时间较短，不属于心理问题。消沉则与躯体疲劳无关，通常因为对生活失去信心和希望引起，持续时间相对较长。长此以往，它还会演变为各种心理疾病，甚至因为厌世而出现自杀意念。

5．攻击性

攻击性指具有对他人有意挑衅、打击，或对事件有意损毁、破坏等侵犯性心理倾向和行为的人格表现缺陷。

在出现攻击行为之前，攻击性只是攻击行为的一种内心偏向和趋势，但是攻击性很少停留在这种心理倾向上，而是表现为各种攻击行为。一种攻击行为是直接攻击，即把攻击目标指向使其产生烦恼或造成挫折的人或物上，而危及旁人或其他事情；还有一种攻击行为是自我攻击，即把攻击目标经过潜意识内向投射机制，由指向外界转向针对自身，从而出现自罚、自虐、自伤和自杀行为。自我攻击比较少见。

攻击性表现通常在以下几种情景中发生：一是受到挫折时，为了缓和自身的心理紧张状态，潜在的攻击本能能量就会异常暴涨和流露。攻击性会通过面部表情、姿势、手势甚至谩骂、争吵、斗殴表现出来，或者转而发泄到其他不相干又能欺负的人或物体上。二是在出现莫名的烦恼或内分泌失调引起的情绪不安时，个体也会出现攻击性，把攻击目标无缘无故地指向无辜的人或物，大发无名火。三是无聊空虚时，个体为了寻求刺激，会到处寻衅滋事，表现出极强的攻击性。

攻击性与敌对不同。敌对是敌视、对抗的心态，一般不会直接表现为攻击行为，只是攻击行为的潜在状态。攻击性则通常表现为攻击行为，具有明显的侵犯性。

6．狂热性

狂热性是指对某一事情表现出盲目的、过度的、不合理的、热衷的情绪缺陷。

狂热性通常表现为：狂热爱好，如对玩游戏、网络的过度沉溺；狂热爱慕，如对明星的痴迷追慕；狂热盲信，如对宗教、名人的盲目相信和崇拜；狂热行为，如对金钱、恋人等所追求的目标产生疯狂过火的举动。

狂热性一般在迷恋、倾慕、感染和冲动的情景下发生。例如，狂热沉溺于游戏和网络往往是过度迷恋而难以自拔的结果；狂热爱慕影星就是由于过度倾慕而难以自制；盲目崇拜名人就是受名人品格、气质及众人爱戴感染的结果。狂热行为是在不听劝告、不顾后果的冲动下发生的。可见，只有在外界刺激的情景下，狂热性才会发作，个人才会表现出极度热烈、使人难以理解和接受的狂热情绪。

狂热与热情不同。热情是一种正常的情绪状态，狂热则是一种失调或失衡的情绪缺陷。热情稳定持久、对象广泛，是一种深厚、合乎情理的情感，通常具有巨大的社会价值，是正确行为的巨大动力。狂热相对短暂易变、范围狭窄，而且往往浅显、违背常规，很少有理智成分。无论狂热指向何种对象，其结果往往会给个人或社会造成损失。

狂热也不同于冲动。冲动也缺乏理智而且带有盲目性，行为也不顾及后果，但是冲动的发生极为短暂，事后会有后悔感和内疚感；狂热比热情短暂，但比冲动持续时间长，往往伴有认知错误，狂热过后一般只感到幼稚和无聊。

2.1.3 辨别观察法

1. 瞬间辨识法

瞬间辨识法是航空保安员与对象陡然相遇，迅速捕捉对方的反常行为、动作和危险的信号特征（仅用1~3 s时间），快速辨别确认可疑人员，并作出应急反应、先发制人的一种识别方法。瞬间辨别可以概括为视觉能力、记忆能力和快速反应能力三种能力的综合运用。

在通常情况下，航空保安员对执勤区域内可能发生的违法犯罪情况并不完全知晓，只能运用敏锐的观察力和丰富的经验，注意从繁杂的社会群体行为中发现个别反常迹象，从而辨别、发现、揭露、控制、抓获正在伺机违法犯罪、正在犯罪或犯罪后逃匿的犯罪嫌疑人。

2. 全方位观察法

全方位观察法是指航空保安员在自己视听所及的范围内对可疑对象进行立体的、全视角的整体观察的方法。它要求其尽可能地发挥本人五官的能动性，调动各个器官，做到"眼观六路、耳听八方"，不放过一个疑点，把整个执勤面都纳入自己的观察范围，避免遗漏疑点。但由于要求全面观察，平均用力，分散精力，使得感官始终处于高度的紧张状态，容易疲劳，有时反而降低了观察效果。

3. 重点观察法

重点观察法是指目光集中在一个场所，专门针对一个目标或一个重点对象进行观察的方法。航空保安员应根据已经掌握的信息资料、活动规律或上级的要求等情况，在查缉过程中，根据嫌疑人面对航空保安员时的心理状态的不同，重点观察盘查对象的反常举动；或航空保安员比对近期发生的各类已发生的案件和通缉、通报中犯罪嫌疑人的情况特征，在执勤过程中，特别注意观察、寻找、发现线索的方法。

4. 时段观察法

时段观察法是指依据在一天的各个时间段和季节的变化规律来确定观察重点对象的方法，如对各类盗窃案件的观察将作案时间划分为"旅客休息时段""旅客上洗手间高峰时段""旅客登机时段"等。

5. 地点观察法

地点观察法是指对某些违法犯罪常发地点和场所的观察方法。也就是说，观察空间范围的大小一定要根据发生案件的性质来划分，若是非法干扰事件，观察地点范围就要大一些，要考虑到客舱整体范围和整个飞行过程；若是盗窃案件，观察地点范围就要小一些，有时可缩小到几个座位、个别旅客的范围进行观察。这种观察方法基本用于对象明确、有的放矢的情况。但过分强调重点观察法，也会导致忽略对其他方面的观察，造成某些疑迹的失控。实战中应将重点观察法与全方位观察法有机地结合起来，灵活运用，互相补充。

6. 专注观察法

专注观察法是指航空保安员本身的观察能力，重要的是观察的指向和集中注意力观察事物的主观能力。它不同于时段观察法和地点观察法，要求观察目标时要静心专一，即所谓"静观三分钟"的观察方法。它是为了发现最初的疑点所运用的一种手段，只有对某一事物全神贯注地进行观察，才能发现对象细微的可疑迹象，但有些初现的疑点是模糊的、不确定的，并且难以判断，所以，为了进一步掌握疑点的确切性，需要运用专注观察法。

7. 浏览观察法

浏览观察法就是将观察范围内的人、事、物普遍地、粗略地环视一遍，通过浏览使自己对环视范围的人、事、物有个初步的认识或大致的了解，为下一步定向观察打下基础。浏览观察的航空保安员要在广泛浏览的基础上，根据查问任务的需要，及时、准确地发现目标。否则，在瞬间就有可能因为观察者经验、注意力的影响，造成可疑人员的伪装、逃脱或隐藏。因此，在实施观察时，航空保安员必须环顾四周，兼顾远近，了解概况，抓住要点，及时发现不同方向、不同方位潜在的可疑人员。

8. 定向观察法

定向观察法一般是指航空保安员在熟悉通缉、协查通报或掌握某种类型犯罪特点的基础上所进行的目标明确的专业观察方法。此法应将注意力定向放在搜寻该犯罪嫌疑人身上，加强寻找与犯罪嫌疑人体貌特征相似的人员。同时，还要加强对着装特点、语言情况、携带物品以及犯罪嫌疑人身上的各种特征标志的观察，以减少观察的局限性，提高工作的准确性。正确实施定向观察，有助于认定犯罪嫌疑人，有助于提供侦查线索和缩小侦查范围。

（1）定位观察法。定位观察法是指对特定目标锁定的观察方法。空保组人员在巡舱时，应有明确的分工，通过定位观察落实岗位责任制，强化定岗、定人、定查、定区域、定时段，以避免出现顾此失彼的现象。

（2）巡视观察法。巡视观察法是指一面走、一面看的动态状态下的一种大范围的观察方法。对非盘问对象及危险情况的巡视观察，特别是在夜间光线暗淡等视野窄小及可疑人员多且又不完全确定的情况下，可以更大范围地监视外部环境，亦可防止犯罪嫌疑人从背后或侧翼偷袭，造成我方人员的伤亡或犯罪嫌疑人的逃脱。

（3）复现观察法。复现观察法是指在同一地点对反复出现对象的观察方法。对反复出现的对象必须盘查。可疑人长时间在某个地方，极有可能是作案前进行踩点，或正在寻找机会实施违法犯罪行为，所以遇到这类现象应及时予以盘查。在重点地域反复巡舱时，巡舱人员要注意发现长时间停留的人员，注意结合被观察对象的神态举止来甄别嫌疑。

9．"十看、十对"法

"十看、十对"法是指运用观察和对照相结合的方法发现疑点的一种方法。"十看、十对"即看体貌对年龄，看衣着对身份，看言行对学历，看举止对职业，看证件对姓名，看原籍对口音，看物品对来由，看同伴对关系，看去向对方位，看神情对心态。

10．心理观察法

（1）观察目标的能力。航空保安员进行执法行动时，观察效果的优劣往往受到主客观两方面因素的制约。

1）观察对象的情况复杂多变，航空保安员在观察时必须注意将观察人、事、物与科学的分析研判结合起来，善于抓住观察对象的内在实质性的问题。

2）航空保安员观察的对象是社会中不断运动的人的行为和不断变化的事物，因此，航空保安员在观察时应注意克服用呆板、单一或片面的观察方法实施观察的倾向，应以动态发展变化的视野和运动发展的、辩证的眼光去观察搜索范围、目标。

3）实施违法犯罪是在运动的状态下进行的，运动的过程变幻莫测、变化无常，观察的时机稍纵即逝，因此航空保安员必须善于捕捉可疑人瞬间出现的反应现象，在比较短的时间内掌握更多的信息，特别是要以最快的速度抓住观察对象的主要特征，以便评估判断信息，果断决策，快速出击。

4）注意事后的整理和总结。航空保安员在执勤结束后，应把观察到的情况和有价值的信息进行整理、总结和上报，实现信息共享，也为以后的工作奠定基础。

（2）心理观察

1）由于心理活动的作用，人们的身体动作、面部表情或语音声调都能表示出一种无法用技巧来掩饰的定式。

2）犯罪嫌疑人实行犯罪时，通常有一个从预谋到实施的过程。

3）在预备犯罪时，犯罪嫌疑人会出现心理上的冲突，当冒险、侥幸心理占主导地位时，犯罪的目的、动机开始确立。

4）当犯罪嫌疑人确立犯罪行为目的、形成犯罪行为动机以后，为了使自己顺利达到目的而又不被惩罚，就需要决定行动的手段或途径，包括作案方式的选择、对象的物色、工具的准备、作案时间和航线的选择以及作案后如何销毁痕迹、潜逃等。在准备的过程中，犯罪嫌疑人通过现场的观察和凭借经验进行假设、推理、预测，来选择那种既不易被发现又能达到目的的最好的实施方法。

5）尽管犯罪嫌疑人对犯罪行动进行了准备，但由于实施犯罪行为的危险性和应受到的惩罚性，使得犯罪嫌疑人在实施犯罪时，出现紧张的情绪和具有强烈的恐惧心理。在这种情况下，犯罪嫌疑人会敏感、多疑、慌乱、恐惧，从心理和行为上讲，这是一种自动化的行为活动方式，也是难以抗拒的心理现象。由此可见，无论犯罪嫌疑人多么老练，他们也会因危险的到来而心情紧张、激动，从而暴露出蛛丝马迹。

6）具体表现在面部表情和眼神上。他们在活动中会避开机组人员和其他旅客，当航空保安员注意他们时，就会表现出胆怯、躲避，显得十分紧张、局促或无所适从。

11. 眼观神情法

眼观神情法主要是指航空保安员通过辨别观察对象的眼神，捕捉其瞬间流露出的惊恐、紧张的神情，初步判断其行为。一般凶恶之人目露凶光。

12. 行为反常观察法

行为反常观察法是指航空保安员在执勤过程中发现违反正常人行为举止的一种巡查活动。人体的各种机能，通过条件反射在大脑皮层有关中枢之间形成暂时的联系，再经过一定次数的反复巩固和强化，就能达到自动化的程度。当神经活动定型中的某一环节起作用时，相关的环节立即刻板地自动重复出现。

（1）人可以在意识的控制和支配下进行伪装，但这种控制和支配是有限的，反常的表现仍会不自主地加以流露，特别反映在姿态、手势及其面部表情和目光上。

（2）航空保安员要掌握各种犯罪活动的特点和手法，并注意从犯罪嫌疑人的正常行为中找出异常的动作。一旦准确地把握了这一判断标准，结合成功的经验，就不难辨识出犯罪嫌疑人的那些动作变化了。

（3）航空保安员在判断犯罪嫌疑人的行为表征时，还应注意那些紧随其后的，特别是目光交流时瞬间出现的动作变化及这种行为的反应方式。

13. 对身份可疑者的观察法

对身份可疑者的观察法是指对具有以下情形的人的观察：

（1）持假身份证的人。

（2）与身份证相貌、年龄、籍贯等有明显差别的或不相符的人。

（3）持几个身份证或几种工作证的人。

（4）行为与其所处的时间、空间及装束不符，且神色慌张的人。

（5）身份与其语言、行为举止、穿着气质、携带物品有矛盾的人等。

14. 对行为可疑者的观察法

对行为可疑者的观察法是指对有从事违法犯罪活动的嫌疑，其行为举止违背规律，有违正常人的行为模式，且又符合或相似于一些违法犯罪活动特征的行为人的观察。例如：

（1）神态异常、行为慌张，在人群中挤来挤去的人。

（2）不断地翻动行李架，看到机组人员后，躲躲闪闪、表情惊慌、疾步走开的人。

（3）神色可疑，且在客舱中窜来窜去的人。

（4）无故东张西望、神色慌张、坐立不安的人。

（5）走路的速度、步伐、方向、路径以及时间等有异常表现的人。

15. 对体貌可疑者的观察法

对体貌可疑者的观察法主要是对具有以下行为特征人员的观察：

（1）具有与通缉、通报对象相似的体貌特征，且年龄一致，口音相符，衣着和随身携带的物品与通缉、通报对象相似的人。

（2）面带惊恐之状或疲劳困倦之意的人。

（3）戴黑色眼镜、大口罩或整容、化妆奇特，有意改变原面貌，企图蒙混过关的人。

（4）有恐慌、心虚、凶狠、仇视等表情或面带疲倦、困倦之意，有血迹、伤口、疤痕等疑点的人。

16. 对携带可疑物品者的观察法

对携带可疑物品者的观察法主要是对携带可疑物品的人员进行观察：

（1）携带看似作案工具的人。

（2）携带现金数额巨大的人。

（3）携带的可能是毒品、枪支、凶器等违禁物品的人。

（4）在夜间携带数量较多或体积较大，长时间进入卫生间的人。

（5）所携物品与时间、身份不符，同时遮遮掩掩、怕动怕碰的人。

17．对其他异常可疑者的观察法

此方法主要是对具有以下行为的人进行观察：

（1）身负枪伤或可疑外伤，浑身血迹或有污痕的人。

（2）身上或箱包内携带明显的疑似违禁物品的人。

（3）男女同行时年龄不相符，表情异常。

（4）上身穿西装，下身却穿肥裤，脚穿球鞋，打扮不伦不类的人。

（5）衣着破旧却携带高档手提箱，明显不协调的人。

上述行为多为违反常规的异常现象，这些无声的信息都能暴露出犯罪嫌疑人的心理状态，各种犯罪嫌疑人的个性特征及表现具有一定的规律性，通过察言观色，分析研判，反复摸索和积累，观察、分析、判断违法犯罪嫌疑人的活动规律，能够为更好地完成任务打下良好基础。

18．五官姿态观察法

下面是一些具体的身体姿态所表达的含义。

（1）问话时，如果对方将头侧向一边，尤其是倾向讲话人的一边，或者身体前倾面向讲话人，眼睛盯住讲话人，说明他对讲话人所讲的事很感兴趣。

（2）摘下眼镜，轻轻揉眼或擦镜片，反映对方精神疲劳，或对眼前的问题厌倦，或是喘口气准备再回答。

（3）如果对方把头垂下，则是一种消极信号，表示他对谈话内容没有兴趣。

19．目光审视法

（1）航空保安员执勤时要用心去观察、发现、辨识可疑人。我们的目光，并不是像影视剧中所描绘的那种咄咄逼人的目光，而是以随意、平常的眼光去巡视，给人以似见而没有见到的感觉。

（2）要充分调动各种感觉器官，瞬间识别，从中发现疑点和破绽。例如：

1）某人是不是在做一些你认为不合常理的事情。

2）如始终在驾驶舱门口徘徊或始终进出卫生间等。

3）某人的双手在做什么及放在哪里。

4）某人的眼睛盯在人和物体的什么部位。

5）某人是不是正受酒精及药物的影响。

20．腿部观察法

（1）两脚站开，相距肩宽，双手背后，挺胸、抬头，目光平视对方，面带微笑，说明此人对交谈有兴趣、有信心。

（2）一般性的交叉跷腿的坐姿，常伴以消极的姿势，表示紧张和防御态度。

（3）高跷腿坐姿，这是在上述姿态的基础上，将上压腿上移，使小腿下半节放在另一条腿的上膝部，它暗示一种争辩、竞争的态度，如果再用双手扳住上压的这条腿，则表示这个人非常固执。

21．手势观察法

人的手势具有丰富的表现形式，不同的手势有不同的含义。

（1）掌心向上。查问时掌心向上的手势，表示谦虚、诚实、友好，不带有威胁性。

（2）掌心向下。掌心向下、向里的手势，表示防卫、控制、压制，带有强制性，易产生抵触情绪。

（3）背手。背手常显示一种权威、自信，但在一个人心里极度紧张不安时，常常背手，以缓和这种紧张情绪。另外，如果背手伴以俯视踱步，则表示沉思。

（4）伸手。手伸出并敞开双掌，给人以言行一致、诚恳的感觉。

（5）搓手。搓手常表示人们对某事结局的急切期待心理。

（6）遮掩手。遮掩手说明有不可告人的秘密，盘查可疑人只要其手不在你的视线之内，就应该预见到对方存在危险性，面前的人可能对你的人身安全构成威胁。

（7）一个人手指隐藏在手心里，呈握拳状，则表明对方的戒备、敌意态度或有攻击的准备。

（8）一个人用手或笔在桌子等物体上敲打，眼睛左右看，腿抖动，脚跟或脚尖在地板上打拍子，双眉时时紧皱着，嘴闭合，手臂交叠，身体移开，交叉双腿，这是一种表示厌烦的姿势。

（9）十指交叉表示控制沮丧心情的外露，有时这种手势表示敌对和紧张情绪。

（10）双手相握或不断玩弄手指，是缺乏信心或拘谨的表现。

（11）十指端相触，撑起呈塔尖式，这种手势表示自信，若再伴之以身体后仰，则显得高傲。

（12）食指伸出，其余手指紧握，呈指点状，这种手势表示教训、镇压，带有很大的威胁性。

（13）双臂交叉于胸前，这种姿态暗示一种敌意和防御的态度。

22．物理站位法

站位距离能反映出一个人的心理活动。

（1）物理站位距离。这种距离的远近、大小，表示主观上想侵犯对方身体领域的程度，从而能判断出他的一些心理，知道他想干什么。

(2) 方向站位含义。站位的方向有两方面：一个是站在对方的正对面或旁边；另一个是站在背向房间的入口与里面的某处位置。面对面站着有一种距离感，当挡住其去路时，其内心是很不舒服的，有一种抵触和威胁的想法，这时，两人之间如果有一张桌子或什么东西之类的障碍物会感觉比较舒服。而站在旁边的时候，就没有如此的限制，大多数人采用亲密的距离并肩而站或坐，彼此朝着同一个方向，注视相同的对象，在这种情况下，很容易产生某种连带感。

(3) 面对面的站姿或坐姿，双方都处于可以观察到对方的最佳位置上，很容易产生视线冲突，造成对峙的状态。

(4) 由深坐与浅坐的姿势来识破对方的心理。人一旦心情轻松，就会深坐在椅子上，同时伸出脚，很悠闲，表示不会立刻站起；心情紧张的人，则会浅坐在椅子上，同时两腿并拢，处于随时离开座位的状态。

23. 站姿的反常行为辨识法

(1) 双方交叉、双臂抱在胸前或者两手插入口袋，身体东倒西歪或倚靠其他物体。

(2) 身体僵直，胸部外凸，腰部僵硬。

(3) 垂肩，脊柱后凸。

(4) 弯腰驼背，躯体肌肉欠缺紧张度。

(5) 胸部下凹或脊柱前凸，腹部鼓起。

(6) 胸部下凹及垂肩，脊柱侧凸。

(7) 缩头探脑、佝偻双肩、双腿弯曲、颤抖等。

以上这些站姿都会给人不正常的印象。

24. 辨认、辨别法

(1) 辨认的定义和作用。辨认即辨别真伪、是非，确定可疑人。所谓辨认，是指航空保安员在执勤任务时，利用识记过的被通缉或协查对象给自己留下的体貌形态特征，同相似或近似的被通缉、协查对象比较鉴别，以辨识和确定犯罪嫌疑人的一项措施。例如，将犯罪嫌疑人的特征分为一般特征和特殊特征。一般特征，如体态较瘦小、身高162 cm左右、皮肤较黑等。特殊特征，如脸上有伤疤，眉毛上有一颗黑痣等。辨别、确认犯罪嫌疑人时，以一般特征确定范围，以特殊特征作为确认犯罪嫌疑人的依据。航空保安员只有准确地掌握犯罪嫌疑人的体貌特征，才能有效地做好发现、辨认工作。反之，就有可能遗漏犯罪嫌疑人，从而贻误战机或影响工作。

(2) 感知觉辨认对象。辨认是通过识记和储存的有关对象的信息，在需要时或在特定的环境中，再现原先识记的内容，并将对象进行比较、辨别、认定的活动。辨认的对象的形态直接作用于人的感觉器官，不仅使主体产生感觉，而且还会产生知觉，即人脑中产生对该客体形态的反应或体貌形态之间简单的关系反应，在知识经验的参与下，经过人脑的加工，对客体有一个整体的认识。

（3）记忆辨认的对象。记忆是通过识记、保持、再认定等方式在人脑中的反映。识记是记忆的开端，是反复认识某一客体对象，在头脑中留下痕迹，形成暂时神经联系的过程。保持是记忆过程的中心，没有保持、没有记忆，辨别和认定就缺乏信度。再认定是与过去感知过的对象再接触时会有熟悉之感，知道其是记忆过的对象。只有熟记客体对象的体貌特征，才能在执行任务时辨得清、认得准，提高工作效率。

辨别和认定只有经过长期刻意的训练，才能形成一种职业能力，使航空保安员能在最短的时间里及时发现和辨别出犯罪嫌疑人。

（4）辨认的能力

1）全面掌握体貌特征的一般知识。体貌特征是人体形态的标志，是一个人的身体形态特点不同于他人的具体表现。研究体貌特征，就是要反映人体的轮廓与类型、人体的动、静姿态以及与畸形、病变有关的体位变化，这是实施辨别、认定的基本条件。

2）注重控制体貌特征的特定形式。人体的结构和功能受地域差别、生活差别、工作劳动差别及其他差别的影响，往往会在人体形态上打上烙印，形成特征。人的体貌特征一般分为静态特征、动态特征和特别特征。由于这三种特征的部位、形状、大小以及相互之间组合不同，使得人的体貌形态在一定程度上可能出现相似，但整体是不会相同的。对人体的外在表现形式挖掘得深、研究得透彻，就可以为辨别和确认奠定坚实的基础。

3）整体把握体貌特征的差异形态。人的生长发育阶级、性别特征、年龄特征、发展顺序、变化都是相对稳定的。虽然人们可能会进行伪装，但这种伪装是有限的，只能在意识所及的范围内进行，而人的定型化的姿态和行为会不自主地加以流露，特别是男女性别上的伪装，一般只能在化妆或服饰上下功夫，从男女形体上去加以伪装比较困难。因此，在执行任务时，根据已掌握的信息，对已发现的犯罪嫌疑人要作整体性的辨别和确认，切不可被假象所蒙蔽。

4）在辨认、确定犯罪嫌疑人时，应以稳定不变的特征，如身体、腿长和五官特征、身体印记等为主要依据，以犯罪嫌疑人的可变特征，如眉毛、发型、胡须、衣着、携带物等为参考依据，进行综合性的辨识，切不可只以可变特征作为辨识犯罪嫌疑人体貌特征的唯一依据。

2.1.4 对可疑人和物的辨识法

1. 对人的体型的辨识

体型特征是人体的外形特征与体格类型，因性别而有差异，随年龄增长而变化。根据人体外表的线条轮廓及其尺寸比例进行分类，人的体型分为瘦长型、中间型、强壮型和肥胖型。

（1）H形，即筒形。一般称中青年胖男人为水桶型。

（2）I形，即杆形。一般称中青年男女为电线杆型。

（3）Y形，即健美型。一般为肌肉发达的青年男女、运动员。

（4）S形，即窈窕淑女型。

（5）B形，即老年胖女型。

2. 对人体的体姿特征的辨识

人体形态特征主要是体型、体姿。正面观察体姿，可分为肩宽型、中间型和臀宽型；侧面观察体姿，可分为背凸型、中间型和腹凸型。

（1）身高特征。一般来说，人的身高分为身高型（男1.80 m、女1.75 m以上）、中间型和低矮型（男1.60 m、女1.50 m以下）三类。

（2）手部特征。手发颤是内心不安、吃惊的表现。主要观察因遗传、工作环境、生活条件、疾病等原因造成的多指、并指、断指、缺指等特征。

（3）上肢特征。上肢自然下垂，肘关节伸直，前臂旋后位时，上臂与前臂的外侧角称为提携角。正常角度为170°，女性略小。小于此角度称为肘外翻；大于此角度称为肘内翻。

（4）下肢特征。对下肢的观察主要是站立姿势和特殊体位。从脚部姿势观察，人在正常站立时，两膝两脚皆能靠拢。由于遗传、环境、疾病等原因，使得一些人在站立时脚部呈现出不同的姿势，主要表现为膝内翻、膝外翻和膝反张。

（5）肩部特征。由于受到惊吓，一个人会紧张得耸肩膀，这是一种生理上的动作。另外，耸肩膀还有随你便、无可奈何、放弃、不理解等含义。

（6）脚步特征。脚的动作虽然不易观察，但却更直观地揭示对方的心理。抖脚表明轻松、愉快；跺脚表明兴奋，但在愤怒时也会跺脚；脚步轻快表明心情舒畅；脚步沉重说明疲乏，心中有压力；来回踱步说明紧张焦躁等。

3．对身体易藏物品部位的辨识

研究体型的目的是为了了解每种人的身体易藏刀、枪、爆炸物品的部位，以及对衣、帽、鞋的影响。

（1）腋下、裆部、腿内外侧、腰部、妇女胸部是易藏物品部位，但如果衣服很紧，就无法隐藏（如健美裤、三点式、牛仔裤、超短裙等）。特别是夏天，人们衣着单薄、裸露，检查起来就很容易。要能做到看一眼就能判断其体型特征，分析出犯罪嫌疑人可能隐藏违禁品的部位，结合其衣着，有重点、有针对性地检查，避免机械地使用一个模式检查，既烦琐又少有成效。

（2）棒球帽、有孔凉帽不易藏东西，而冬季戴的防寒帽则可以隐藏物品。

（3）拖鞋、凉鞋不易藏东西，旅游鞋、高跟皮鞋、马靴等则容易隐藏物品。

（4）在五种体型中，"I"形、"S"形人身上易藏物品的部位多，应作为重点检查对象。

4．对行为反常的辨识

航空保安员执勤时发现有以下行为的可疑人，应重点检查：

（1）有反常行为的。

（2）遇到航空保安员神色慌张、故意避开的。

（3）行为诡秘、动作特别的。

（4）有意掩盖或改变本来面貌的。

（5）匆匆忙忙进入人群东张西望、左顾右盼、焦虑不安的。

（6）疑似找人或寻找东西的。

（7）两人以上相互使用隐语、用眼睛暗示沟通、黑话低声窃窃私语的。

5．对吸毒人员的辨识

（1）脸色发白、发青、发灰，精神状态不佳，萎靡不振，消瘦乏力的人。

（2）手臂、肩部或小腿部位有连成线或者比较密集针眼的人。

（3）衣冠不整、身体较瘦弱的人。

（4）双目无神的人。一些大麻滥用者还有明显的红眼睛特征。

（5）随身携带的物品中大多有针筒、注射针头、橡皮管、锡纸等吸毒用具，有时会发现一些小包装的毒品粉末和戒毒药物、吗啡注射器或香烟盒、手机套等。

（6）吸毒人员毒瘾发作时，会出现流泪、流涕、打哈欠、浑身无力、瑟瑟发抖。毒瘾发作轻微时浑身抽搐、嘴唇发紫、双手紧握；严重时会满地打滚，甚至自伤、自残身体，昏倒在地。

6. 对流窜犯罪嫌疑人的辨识

（1）流窜犯罪嫌疑人对周围的环境和人员特别警觉，同行人之间利用眼神、手势、暗语传递信息，不敢大声讲话（怕暴露方言）。

（2）遇到反抗或堵截时容易采取极端手段。

（3）多表现为神情木然、疲惫不堪，困倦之意明显。

（4）流窜犯罪嫌疑人多系男性。

（5）由于长期在外流窜，其面部发黑，蓬头垢面，身上汗泥味比较浓。

7. 从举止上辨识可疑人

航空保安员可从以下几种举止上辨识可疑人：

（1）看到航空保安员有回避行为的。

（2）行为异常的。

（3）目光呆滞、反应迟钝的。

（4）动作僵硬、腿脚瘸、行动不灵活的。

（5）被盘问、检查时，手臂、腿发抖，血管明显凸出，额头出汗，脸色发白或泛红的。

（6）无明显残疾，但走路不正常的——可能身上携带违禁物品。

8. 对身份可疑人的辨识

身份可疑人是指真实身份不明、值得怀疑的人员。一般均持有不符身份之证明，航空保安员可从其所持证件、登机牌与其他有关情况的相互印证中发现疑点。

（1）令其出示登机牌、居民身份证，查问其履历，核对其工作部门，认真分析其自述，可反复发问使其露出马脚。

（2）对籍贯、文化程度、职业，通过直接交谈的方式与其自报的身份加以对照核实，揭露其伪装的身份。

（3）持有的证件与本人自报身份不符的。

（4）一人持有几种内容、身份矛盾的证件的。

（5）言谈举止、穿着、口音与本人自报文化程度、职业、籍贯、出生地、户口所在地等不相符的。

（6）持有或使用伪造、涂改、作废证件或者冒用他人证件的。

（7）使用盗用、伪造大机关的证件、介绍信的。

9. 对面带惊恐失态之人的辨识

（1）犯罪嫌疑人经常处于怕暴露被抓获而遭受打击的紧张不安状态之中，恐惧、心虚、不安，惊恐万状的心态难以自我抑制。

（2）这种心理活动反映在其畏罪逃匿过程中的动作行为、神态表情上，即反常表现。一般不具有正常人那种神情自然、轻松愉快的外在表现。特别是那些流窜或刚刚逃离现场的犯罪嫌疑人，紧张、恐惧的心理更加突出。

（3）有表情木然、紧张，眼神飘忽不定、东张西望，行动鬼祟、避人耳目的行为举止表现的。

（4）对周围环境和人员特别警觉，极为敏感多疑，同行者之间常窃窃私语，利用眼神、手势、暗语传递信息的。

10. 从眼睛上辨识可疑人

眼睛有以下特征的人应作为重点检查的对象：

（1）眼神左右飘忽不定的。

（2）躲避视线接触的。

（3）眼睛透露出不安表情的。

（4）带惊恐之状或有疲劳困倦现象的。

（5）低头看地面、仰头看天棚或用指尖儿触摸的。

11. 从谈话中辨识可疑人

提供的信息越多，暴露的机会就越大。所以，说假话的人往往说得比较少，因而提供的细节也比较少。这就是犯罪嫌疑人为什么都很少讲话的原因。说假话的人一般在心理上尽力让自己与编造的谎言保持距离，因此在编造事件情节时往往很少提自己，谈话时应注意以下几个方面：

（1）注意盘问时对方音质是否发生变化。

（2）注意对方所回答的问题是否前后一致。

（3）在问话的同时要仔细观察对方的眼睛，如眼神飘忽不定，向左上角看，故意躲避航空保安员，则说明他正在说谎，可能有不可告人之目的，以此追究到底，可能有重大突破。

（4）怀疑对方说谎，但又问不出来的，可先缓和气氛，然后突然发问，在对方没有心理准备的情况下，可获取线索。

（5）谈话吞吞吐吐的，可抓住疑点，使其不能逃避问题。

（6）谈话时对方突然会下意识地捂住嘴。

12. 对生理缺陷、病变特征和个人特殊标记的辨识

（1）生理缺陷、病变特征。人体在生长发育过程中，由于某些生理上的发育缺陷，或疾病作用，或治疗的结果，使身体外观留下特殊的永久性病理改变。这些特征性的

缺陷和病变，可以作为个人辨识的重要依据。常见的生理缺陷和病理改变包括：

1）跛脚、O 形或 X 形腿。

2）多指（趾）、断指（趾）。

3）驼背、歪颈、兔唇、麻脸、秃顶。

4）疤痕、疣、瘤等。

(2) 个人特殊标记。人体的皮肤表面有时会出现因色素沉着形成的斑、痣等。

1）雀斑、红斑痣、老年斑等。斑的范围较大，形状不规则。

2）黑痣。黑痣一般呈圆点状，凸出或不凸出皮肤表面，有的长有长毛。

3）胎记。大小形状不一。

4）文身。它是用针或其他锐器在皮肤上刺成的图案或文字。文身多刺在手臂、手背、大腿、前胸和后背等处，具有较明显的独特性和职业习惯性，经色素沉着后可终生保持。这些个人特殊标记均可成为个人辨识的重要证据。

2.2 机组协同

学习目标

➢ 掌握在特殊事件中，航空保安员如何与其他机组人员及有关单位协同配合，并充分利用客舱内一切可用的人或物，共同实施对特殊事件的处置。

2.2.1 客舱资源的利用

1．飞行机组

(1) 紧急器材的使用（灭火瓶、消防斧等）。

(2) 通信设备（空地联系设备、客舱内部联系设备等）。

(3) 航空器（特殊飞行姿态等）。

(4) 其他机组成员。

2．客舱乘务组

(1) 紧急器材的使用（灭火瓶、消防斧等）。

(2) 通信设备（客舱内部联系设备、广播器等）。

(3) 客舱器材和物品（餐车、毛毯、衣架、水、湿毛巾、座椅垫等）。

(4) 旅客（民航内部人员、军人、警务人员、身体强壮者、有主动意愿者等）。

(5)其他机组成员。

3. 航空保安员

(1)配置的器械。

(2)紧急器材的使用（灭火瓶、消防斧等）。

(3)通信设备（客舱内部联系设备、广播器等）。

(4)客舱器材和物品（餐车、毛毯、衣架、水、湿毛巾、座椅垫等）。

(5)旅客（民航内部人员、军人、警务人员、身体强壮者、有主动意愿者等）。

(6)其他机组成员。

2.2.2　信息收集与传递

1. 飞行机组

(1)对于客舱内机组提供的各类信息及时、有效、准确地传递给地面。

(2)对于地面提供的信息通过机上设备、直接对话、事先约定等方式进行传递，但必须确保各项关键信息传递的及时、有效、准确。

2. 客舱乘务组

(1)第一时间通过设备或其他预定方式通知飞行机组和航空保安员。

(2)将个人感官（听、看、闻、摸）得知的各类信息加以收集和汇总后，及时报告和传递至飞行机组、航空保安员及其他机组成员。

(3)及时将飞行机组获取的信息准确、安全地传递给航空保安员和其他机组成员。

(4)信息收集与传递是持续动态的。

3. 航空保安员

(1)第一时间通过设备或其他预定方式通知飞行机组和客舱乘务组。

(2)将个人感官（听、看、闻、摸）得知的各类信息加以收集和汇总后，及时报告和传递至飞行机组、客舱乘务组及其他机组成员。

(3)及时将飞行机组获取的信息，根据飞行机组要求，将需要传递的信息准确、安全地告知客舱乘务组和其他机组成员。

(4)信息收集与传递是持续动态的。

2.2.3　航空器控制

1. 飞行机组

(1)锁闭驾驶舱门，确保驾驶舱安全。

(2) 按照最新飞行计划实施飞行。

(3) 通过客舱广播等方式对客舱秩序进行控制。

2．客舱乘务组

(1) 通过客舱广播等方式对客舱秩序进行控制。

(2) 根据航空保安员要求，调整旅客座位。

(3) 协同航空保安员对客舱进行检查。

(4) 配合航空保安员对特定对象实施有效监管。

(5) 对有需要的人实施救护，必要时，可广播寻找医生或医护人员。

(6) 对其他旅客提供客舱服务，并做好有效监控，原则上不得随意调换座位和移动行李。

3．航空保安员

(1) 通过客舱广播等方式对客舱秩序进行控制。

(2) 根据情况要求，指挥客舱乘务组调整旅客座位，设立限制区域。

(3) 对重点区域和特殊对象实施检查。

(4) 指挥客舱乘务组及其他机组成员对客舱进行检查。

(5) 根据需要，对特定对象使用器械控制，并实施有效监管。

(6) 根据需要，对特定对象实施讯问。

(7) 对其他旅客做好有效监控，原则上不得随意调换座位和移动行李。

(8) 配合客舱乘务组对有需要的人实施救护。

(9) 对收缴的作案工具进行有效监管，确保作案工具上的指纹不被破坏，确保作案工具处在安全位置等，并做好相关表单的填写工作。

第 3 章

应急处置

3.1 机上创伤处置

3.2 运动损伤的防治方法

3.3 生化隔离

3.1 机上创伤处置

学习目标

➢ 掌握机上急救中创伤救治必要的方法与原则。
➢ 能在机上旅客或其他机组成员受伤时提供必要与及时的救助。

3.1.1 机上创伤处置的概述

1. 创伤处置的介绍

创伤是各种致伤因素作用下造成的人体组织损伤和功能障碍。轻者造成体表损伤，引起疼痛或出血；重者导致功能障碍、致残，甚至死亡。

致伤因素有：机械因素，如车祸、塌方、刀扎、枪伤等；物理因素，如烧伤、冻伤、电击、射线等；化学因素，如酸、碱、毒气等；生物因素，如毒蛇、昆虫等。

现代创伤以严重创伤、多发伤和同时多人受伤为特点。严重创伤可造成心、脑、肺和脊髓等重要脏器功能障碍，出血过多会导致休克甚至死亡。创伤现场救护要求快速、正确、有效。正确的现场救护能挽救伤病员的生命、防止损伤加重和减轻伤病员的痛苦；反之，可加重损伤，造成不可挽回的损失，以致危及生命。因此，普及创伤现场救护知识和技术十分必要。

2. 机上创伤处置的介绍

机上发生人体创伤原因是多样的，一般情况下的工作不慎及特殊情况下的如航空器应急情况下保护不当、受到犯罪嫌疑人的武器攻击等，往往此类原因造成的人体创伤比较严重，对伤者及时、正确的救护尤为重要。

而在机上对于伤者实施必要及时的救护所需的救护设施又相对较为匮乏，这对现场处置者提出了更高的要求。

3. 机上创伤处置的目的

创伤现场环境复杂多样，均为突发事件，机上应急处置条件差，这些均给救护带来困难。因此，明确现场救护目的，有助于迅速选择救护方法，从而实施正确救护，防止因惊慌失措而延缓抢救。

机上现场救护通常由机上工作人员与机上可能存在的医务人员来完成，是转向地面医院进一步治疗的基础，目的是：

（1）维持生命。创伤伤病员由于重要脏器损伤（心、脑、肺、脾及脊髓损伤）及大出血导致休克时，可出现呼吸、循环功能障碍。故在循环骤停时，现场救护要立即实施心肺复苏，维持生命，为医院进一步治疗赢得时间。

（2）减少出血，防止休克。严重创伤或大血管损伤出血量大。血是生命的源泉，现场救护要迅速用一切可能的方法止血，有效的止血是现场救护的基本任务。

（3）保护伤口。开放性损伤的伤口要妥善包扎。保护伤口能预防和减少伤口污染，减少出血，保护深部组织免受进一步损伤。

（4）防止并发症及伤情恶化。现场救护过程中要注意防止脊髓损伤、止血带过紧造成肢体缺血坏死、胸外按压用力过猛造成肋骨骨折以及骨折固定不当造成血管神经损伤及皮肤损伤等并发症。

（5）快速转运。现场经必要的止血、包扎、固定后，用最短的时间将伤病员安全地转运到地面医院。

4. 机上创伤处置的原则

创伤在各种突发情况下发生，创伤的程度各不相同，救护时要根据现场条件和伤情采取不同的救护措施。尽管如此，创伤的现场救护又有其共同的规律，需要掌握以下原则：

（1）树立整体意识，重点、全面了解伤情，避免遗漏，注意保护自身和伤病员的安全。

（2）先抢救生命，重点判断是否有意识、呼吸、心跳。如呼吸、心跳骤停，首先进行心肺复苏。

（3）检查伤情，快速、有效止血。

（4）优先包扎头部、胸部、腹部伤口，然后包扎四肢伤口。

（5）先固定颈部，然后固定四肢。

（6）操作迅速、准确，动作轻巧，防止损伤加重。

（7）尽可能佩戴个人防护用品，戴上医用手套或用几层纱布、干净的毛巾、手帕、塑料袋等替代。

5．机上创伤的主要类型

创伤的因素多种多样，全身各种组织、器官都可受到损伤，表现形式也各异。现场救护中应区分以下四种类型：

（1）闭合性损伤。见于钝器伤、跌伤和撞伤，体表无伤口。受伤处肿胀、青紫，可伴有骨折及内脏损伤。内脏损伤和骨折出血可导致休克。

（2）开放性损伤。见于锐器和其他严重创伤，体表有伤口，感染机会大，失血较多。如有大动脉损伤，出血为喷射性，短期内会出现休克，需要立即止血、包扎。应注射破伤风抗毒素预防破伤风的发生。

（3）多发伤。同一致伤因素同时或相继造成一个以上部位的严重创伤。多发伤组织、脏器损伤严重，死亡率高。现场救护要特别注意呼吸、脉搏及脏器损伤的判断，防止遗漏伤情。

（4）复合伤。是由不同致伤原因同时或相继造成的不同性质的损伤，如车祸致伤的同时又受到汽车箱热水的烫伤。复合伤增加了创伤的复杂性。现场救护要针对不同性质的损伤进行相应救护。

3.1.2 创伤止血技术

1．创伤止血技术概述

在各种突发创伤中，常有外伤大出血的紧张场面。出血是创伤的突出表现，因此，止血是创伤现场救护的基本任务。有效止血能减少出血，保存有效血容量，防止休克的发生。因此，现场及时有效的止血，是挽救生命、降低死亡率，为伤病员赢得进一步治疗时间的重要技术。

然而，机上救护条件较差，要想做到既能有效止血，又能因地制宜就便取材，而且使用的止血方法又不会伤及肢体，平时就必须学习相关的知识和技能，一旦航班中遇到伤病员时，就能在现场井井有条地实施救护。

2．止血的目的

血液是维持生命的重要物质，由血浆和血细胞组成。成人的血液约占自身体重的

8%，大约每公斤体重拥有 60~80 mL 血液。骨髓、淋巴是人体造血的"工厂"。

止血的目的：控制出血，保存有效的血容量，防止休克，挽救生命。

3. 失血量估计

失血的速度和数量是影响伤病员健康和生命的重要因素。突然失血占全身血容量 20%（约 800 mL）以上时，可造成轻度休克，面色苍白、出冷汗、手足湿冷，脉搏快而弱，可达每分钟 100 次以上；失血 20%~40%（800~1 600 mL）时，可造成中度休克，脉搏每分钟 100~120 次；失血 40%（1 600 mL）以上时，可造成重度休克，呼吸急促，烦躁不安或表情淡漠，脉搏细、弱、摸不清，血压下降，严重者可危及生命。

4. 全身主要动脉分布（见图 3—1）

颈动脉是供应脑的动脉，位于颈部胸锁乳突肌内侧。颞浅动脉位于耳屏前方。

躯干血管粗大，一般位于躯干的深处，不易受损；盆腔内的血管丰富，动脉多在脏器周围形成网，静脉组成丛，外伤后，可造成盆腔脏器损伤及大出血。

上肢的主干动脉为肱动脉，在上臂中部肱二头肌内侧可摸到搏动；肱动脉在肘窝处分为两支，沿前臂内侧行走为尺动脉。

下肢的主干动脉为股动脉，经腹股沟韧带中点内侧的深方，沿大腿内侧下降，至膝关节后面的腘窝处延续为腘动脉。在大腿根部，腹股沟韧带中点稍内侧的下方可触及股动脉搏动。

腘动脉在腘窝下方，分为胫前动脉和胫后动脉。胫前动脉至足背延续为足背动脉。

深静脉与同名动脉伴行。在手背、足背浅静脉丰富，形成手背、足背静脉网。

5. 出血类型

（1）皮下出血。多因跌、撞、挤、挫伤，造成皮下软组织内出血，形成血肿、瘀斑，可短期自愈。

（2）内出血。深部组织和内脏损伤，血液流入组织内或体腔内，形成脏器血肿或积血，从外表看不见，只能根据伤病员的全身或局部症状来判断，如面色苍白、呕血、腹部疼痛、便血、脉搏快而弱等来判断胃肠道、肝、脾等重要脏器有无出血。内出血对伤病员的健康和生命威胁很大，必须密切观察，及时救治，速送医院。

（3）外出血。人体受到外伤后血管破裂，血液从伤口流出体外。依血管损伤的种类通常将出血分成三类，可以根据出血的情况和血液的颜色来判断，见表 3—1。

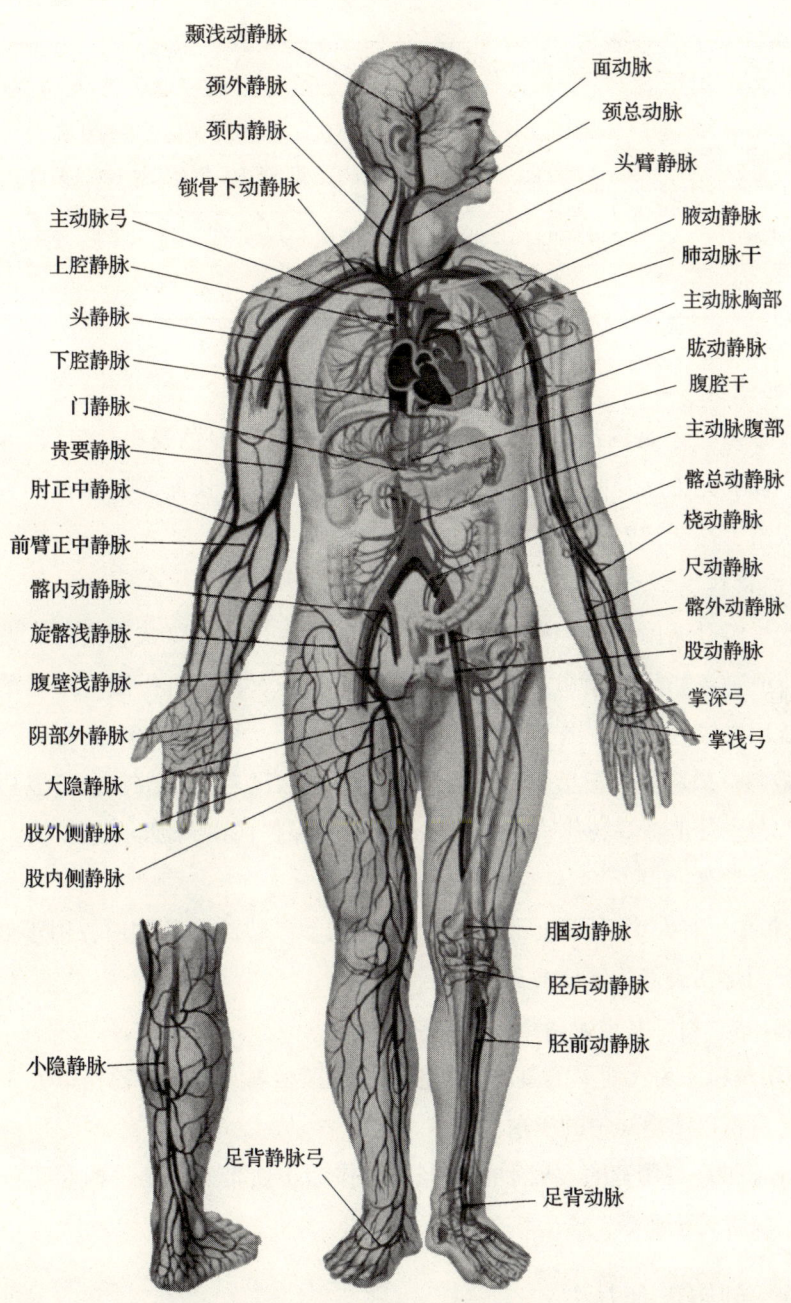

图 3—1

表3—1　　　　　　　　　　　出血分类表

出血类型	判　断
动脉出血	动脉血压力较高，出血时血液自伤口向外喷射或随心脏的舒缩一股一股地冒出。血液为鲜红色，流速快，量多，人在短时间内可能有大量失血，危及生命
静脉出血	血液暗红色，出血时血液呈涌出状或徐徐外流，速度稍缓慢，量中等
毛细血管出血	微小的血管出血，血液由鲜红变为暗红色，量少，多能自行凝固止血

6．失血症状

无论是外出血还是内出血，失血量较多时，伤病员面色苍白、口渴、冷汗淋漓、手足湿冷、软弱无力、呼吸急促、心慌气短。检查时，脉快而弱以至摸不到，血压下降，表情淡漠，甚至神志不清。

7．止血材料

常用的材料有无菌敷料、粘贴创口贴、气囊止血带、表带式止血带。就地取材所用的布料止血带，如用三角巾、毛巾、手绢、布料、衣物等可折成三指宽的宽带以应急需。禁止用电线、铁丝、绳子等替代止血带。

（1）敷料。敷料用来覆盖伤口，为无菌敷料。如没有无菌敷料，可以用干净的毛巾、衣物、布、餐巾纸等替代。目的为控制出血，保护伤口，预防感染。

敷料的种类有：

1）纱布垫。有大小不同的无菌纱布垫。有的纱布垫涂有药物层，用于处理不同的伤口（如吸附烧伤表面的液体或分泌物）。

2）创口贴。创口贴是无菌敷料和绷带的结合。

3）创伤敷料。为大而厚的具有吸附能力的无菌敷料，敷料要比伤口大3 cm，有厚度、柔软并对伤口产生均匀的压迫。

（2）止血带。可用宽的、扁平的布制材料作为止血带。有条件时尽可能用医用气囊止血带、表带式止血带。

3.1.3　创伤止血方法

止血的方法有包扎止血、加压包扎止血、指压止血、加垫屈肢止血、填塞止血、止血带止血。一般的出血可以使用包扎、加压包扎法止血。四肢的动、静脉出血，如使用其他的止血法能止血的,就不用止血带止血。

操作要点:

第一,尽可能戴上医用手套,如无,可用敷料、干净布片、塑料袋、餐巾纸作为隔离层。

第二,脱去或剪开衣服,暴露伤口,检查出血部位。

第三,根据出血部位及出血量,采用不同的止血方法。

第四,不要对嵌有异物或骨折断端外露的伤口直接压迫止血。

第五,不要去除血液浸透的敷料,而应在其上方另加敷料并保持压力。

第六,肢体出血应将受伤区域抬高到超过心脏的高度。

第七,如必须用裸露的手进行伤口处理,在处理完毕后,用肥皂清洗双手。

第八,止血带在万不得已的情况下方可使用。

1. 包扎止血

适用于表浅伤口出血损伤小血管和毛细血管,出血量少。

(1) 粘贴创口贴止血。将自粘贴的一边先粘贴在伤口的一侧,然后向对侧拉紧粘贴另一侧。

(2) 敷料包扎。将足够厚度的敷料、纱布覆盖在伤口上,覆盖面积要超过伤口周边至少 3 cm。可选用不粘伤口、吸附性强的敷料。

(3) 就地取材,选用三角巾、手帕、纸巾、清洁布料等包扎止血。

2. 加压包扎止血

适用于全身各部位的小动脉、小静脉、毛细血管出血。用敷料或洁净的毛巾、手绢、三角巾等覆盖伤口、加压包扎达到止血目的。

(1) 直接压法(通过直接压迫出血部位达到止血目的),如图 3—2 所示。

操作要点:

第一,伤病员坐位或卧位,抬高伤肢(骨折除外)。

第二,检查伤口是否有异物。

第三,如无异物,用敷料覆盖伤口,敷料要超过伤口周边至少 3 cm,如果敷料已被血液浸湿,再加上另一敷料。

第四,用手施加压力直接压迫。

第五,用绷带、三角巾等包扎。

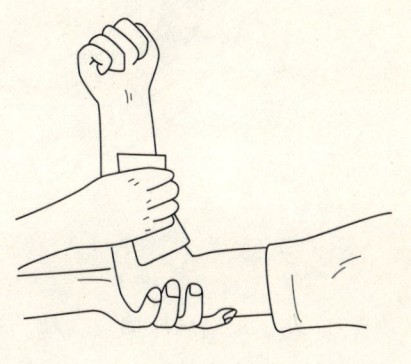

图 3—2

（2）间接压法

操作要点：

第一，伤病员坐位或卧位。

第二，伤口有异物，如扎入身体导致外伤出血的剪刀、小刀、玻璃片。保留异物，并在伤口边缘将异物固定。

第三，用绷带加压包扎。

3．指压止血

用手指压迫伤口近心端的动脉，阻断动脉血运行，能有效达到快速止血的目的。指压止血用于出血量多的伤口。

操作要点：

第一，准确掌握动脉压迫点。

第二，压迫力度要适中，以伤口不出血为准。

第三，压迫 10～15 min，仅是短暂急救止血。

第四，保持伤处肢体抬高。

常用指压止血部位：

（1）颞浅动脉压迫点。用于头顶部出血，一侧头顶部出血时，在同侧耳前，对准耳屏前上方 1.5 cm 处，用拇指压迫颞浅动脉止血，如图 3—3 所示。

（2）肱动脉压迫点。肱动脉位于上臂中段的内侧，位置较深，前臂出血时，在上臂中段的内侧摸到肱动脉搏动后，用拇指按压止血，如图 3—4 所示。

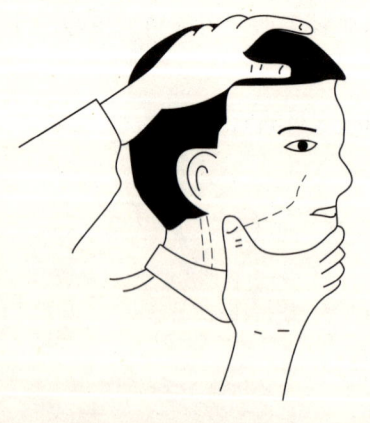
图 3—3

图 3—4

（3）桡、尺动脉压迫点。桡、尺动脉在腕部掌面两侧。腕及手出血时，要同时按压桡、尺两条动脉方可止血，如图 3—5 所示。

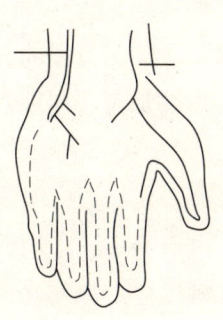 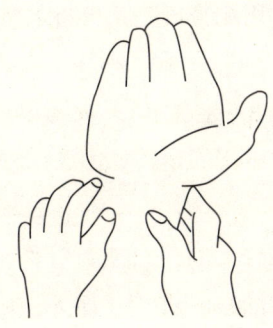

图 3—5

(4) 股动脉压迫点。在腹股沟韧带中点偏内侧的下方能摸到股动脉的搏动。用拳头或掌根向外上方压迫，用于下肢大出血，如图 3—6 所示。

股动脉在腹股沟处位置表浅，该处损伤时出血量大，要用双手拇指同时压迫出血的远近两端，压迫时间也要延长。如果转运时间长时可试行加压包扎。

(5) 腘动脉压迫点。在腘窝中部摸到腘动脉搏动后用拇指或掌根向腘窝深部压迫，用于小腿及以下严重出血。

腘动脉在腘窝处损伤，出血量也大，指压止血后可用加压包扎止血，如图 3—7 所示。

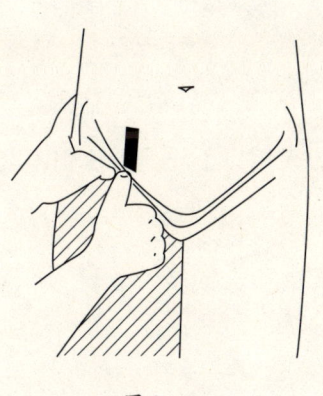 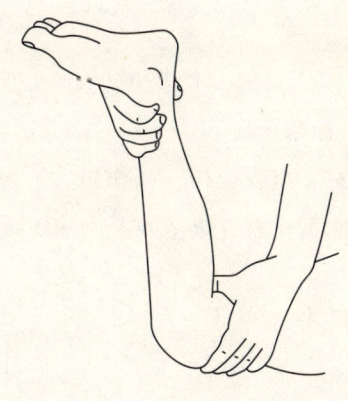

图 3—6　　　　　　　　　　图 3—7

4. 加垫屈肢止血

对于外伤出血量较大、肢体无骨折者，用此法。注意肢体远端的血液循环，每隔 40~50 min 缓慢松开 3~5 min，防止肢体坏死。

(1) 上肢加垫屈肢止血。前臂出血，在肘窝处放置纱布垫或毛巾、衣物等，肘关节屈曲，用绷带或三角巾屈肘位固定（见图 3—8 左图）。上臂出血，在腋窝加垫，使前臂屈曲于前胸，用绷带或三角巾将上臂固定在前胸。

（2）下肢加垫屈肢止血。小腿出血，在腘窝加垫，膝关节屈曲，用绷带或三角巾屈膝位固定（见图3—8右图）。大腿出血，在大腿根部加垫，屈曲髋、膝关节，用三角巾或绷带将腿与躯干固定。如图3—8所示。

5．填塞止血

对于四肢较深较大的伤口或盲管伤、贯通伤，出血量多，组织损伤严重的应现场紧急救治。用消毒纱布、敷料（如无，用干净的布料代替）填塞在伤口内，再用加压包扎法包扎。如图3—9所示。

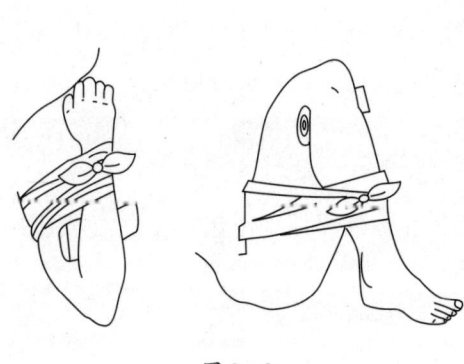

图3—8

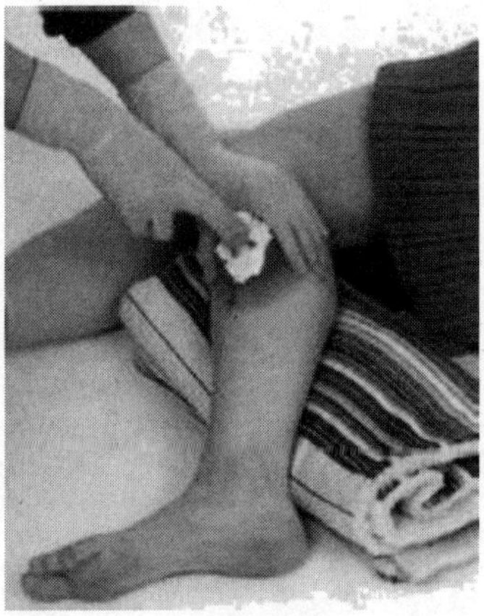

图3—9

6．止血带止血

四肢有大血管损伤，或伤口大、出血量多时，采用以上止血方法仍不能止血，方可选用止血带止血方法。如图3—10所示。

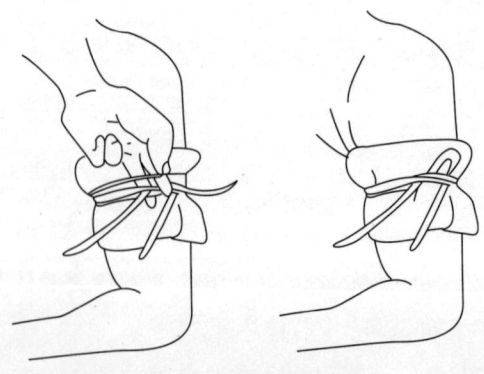

图3—10

操作要点：

第一，上止血带的部位要正确，上肢在上臂的 1/3 处，下肢在大腿的中上部。

第二，上止血带部位要有衬垫，松紧适度。

第三，记录上止血带的时间，每隔 40~50 min 要放松 3~5 min。

第四，放松止血带期间，要用指压法、直接压迫法止血，以减少出血。

（1）表带式止血带止血。

操作要点：

第一，将伤肢抬高。

第二，在上臂的上 1/3 段或大腿中上段垫好衬垫（绷带、毛巾、平整的衣物等）。

第三，将止血带缠在肢体上，一端穿进扣环，并拉紧至伤口不出血为度。

第四，记录止血带安放时间。

（2）布料止血带止血。仅限于在没有上述止血带的紧急情况时临时使用。因布料止血带没有弹性，很难真正达到止血目的，如果过紧会造成肢体损伤或缺血坏死，因此，仅可谨慎短时间使用。禁忌用铁丝、绳子、电线等当作止血带使用。

操作要点：

第一，将三角巾或围巾、领带等布料折叠成带状。

第二，在上臂的上段或大腿中上段垫好衬垫（绷带、毛巾、平整的衣物等）。

第三，用制好的布料带在衬垫上加压绕肢体一周，两端向前拉紧，打一个活结。

第四，取绞棒（竹棍、木棍、笔、勺把等）插在带状的外圈内，提起绞棒绞紧，将绞紧后的棒的一端插入活结小圈内固定。

第五，最后记录止血带安放时间。

7. 不同部位的止血法

（1）颈动脉损伤。颈动脉损伤出血首先用指压止血，用大拇指压迫出血部位的下段，再用无菌纱布填塞伤口，并迅速拨打急救电话。转运时间长时，可用大块干净布料或多条三角巾卷成团，压在出血部位，最后用绷带或三角巾绕颈部至臂根部包扎固定。

（2）腹股沟处股动脉损伤。迅速用指压法止血，转运时间长时，用大块干净布料或多条三角巾卷成团，压在出血部位，充分屈曲髋、膝关节压迫血管，用三角巾将腿和腰部缠绕固定。

（3）腘窝处腘动脉损伤。迅速用指压法止血后，用大块干净布卷或布团压在腘窝处，将膝关节充分屈曲，用绷带、三角巾固定。如止血效果不佳，可在大腿中上部用止血带止血。

（4）头部伤口出血。头皮血管丰富，损伤后出血多，不易止血。纱布压在伤口上，将尼龙头套套在头上或用绷带、三角巾等包扎。

（5）手指伤口出血。手指两侧有两条小动脉供血，血运丰富。用拇指和食指掐住伤指根部两侧的指动脉，用纱布压在伤口上，用尼龙指套套在伤指上固定纱布，或用绷带缠绕固定。可用纸巾、手帕或其他布料代替纱布和绷带。

（6）深部伤口出血。伤口较深较大，组织损伤严重，可能损伤中等血管，出血多。将纱布打开，轻轻塞进伤口，将伤口填实，压迫止血，用纱布覆盖伤口，用绷带加压包扎，如出血严重可加用止血带，也可用三角巾或其他干净布料代替纱布、绷带。

8. 止血操作注意事项

（1）首先要快速准确判断出血部位及出血量，决定采取哪种止血方法。

（2）大血管损伤时常需几种止血方法联合使用。颈动脉和股动脉损伤出血凶险，首先要采用指压止血法，并及时拨打急救电话。转运时间长时可实行加压包扎止血。

（3）无论使用哪种止血带都要记录时间，注意定时放松（每 40~50 min 放松一次，每次 3~5 min），放松止血带要缓慢，防止血压波动或再出血。

（4）布料止血带因无弹性，要特别注意防止肢体损伤，不可一味增加压力。

3.1.4 现场包扎技术

1. 概述

伤口是细菌侵入人体的门户，如果伤口被细菌污染，就可能引起化脓或并发败血症、气性坏疽、破伤风，严重损害健康，甚至危及生命。所以，受伤以后，如果没有条件做清创手术，在现场要先进行包扎。

2. 包扎的目的

（1）保护伤口，防止进一步污染，减少感染机会。

（2）减少出血，预防休克。

（3）保护内脏和血管、神经、肌腱等重要解剖结构。

（4）有利于转运伤病员。

3. 伤口种类

（1）割伤。被刀、玻璃等锋利的物品将组织整齐切开，如伤及大血管，伤口会大量出血。

（2）瘀伤。由于受硬物撞击或压伤、钝物击伤，使皮肤深层组织出血，伤处瘀血肿胀。

（3）刺伤。被尖锐的小刀、针、钉子等扎伤，伤口小而深，易引起深层组织受损。

（4）枪伤。子弹或穿过身体而出，或停留体内，因此，身体可见 1~2 处伤口。体内组织、脏器等受伤。

（5）挫裂伤。伤口表面参差不齐，血管撕裂出血，并粘附污物。

4．伤口判断

现场处理时，要仔细检查伤口的位置、大小、深浅、污染程度与异物特点。

（1）伤口深，出血多，可能有血管损伤。

（2）胸部伤口较深时可能有气胸。

（3）腹部伤口可能有肝脾或胃肠损伤。

（4）肢体畸形可能有骨折。

（5）异物扎入人体可能损伤大血管、神经或重要脏器。

5．包扎材料

常用的包扎材料有创口贴、尼龙网套、三角巾、弹力绷带、纱布绷带、胶条及就地取材如毛巾、头巾、衣服等。

（1）创口贴。创口贴有各种规格，弹力创口贴适用关节部位损伤。

（2）绷带。卷带绷带具有不同的规格，可用于身体不同部位的包扎，如手指，手腕，上、下肢等。纱布卷带绷带利于伤口渗出物的吸收，高弹力卷带绷带适用于关节部位损伤的包扎。

一头卷起的为单头带，两头同时卷起为双头带，把绷带两端用剪刀纵行剪开即为四头带。

（3）就地取材。干净的衣物、毛巾、床单、领带、围巾等可作为临时性的包扎材料。

（4）胶带。具有多种宽度，呈卷状，用于固定绷带、敷料等。对一般胶带过敏的，应采用纸制胶带。

（5）三角巾

1）三角巾展开状态规格。底边 135 cm、两斜边均为 85 cm、高 65 cm 的等腰三角形，有顶角、底边与两个底角。

2）折叠成条形。先把三角巾的顶角折向底边中央，然后根据需要折叠成三横指或四横指宽窄的条带。

3）燕尾式。将三角巾的两底角对折重叠，然后将两底角错开并形成夹角。燕尾巾的夹角大小可根据包扎部位的不同而定。

4）环形圈垫。用三角巾折成带状或用绷带的一端在手指周围缠绕数次，形成环状，将另一端穿过此环并反复缠绕拉紧。

6．包扎方法

包扎伤口动作要快、准、轻、牢。包扎时部位要准确、严密，不遗漏伤口；包扎动作要轻，不要碰触伤口，以免增加病员的疼痛和出血；包扎要牢靠，但不宜过紧，以免妨碍血液流通和压迫神经；包扎前伤口上一定要加盖敷料。

操作要点：

第一，尽可能戴上医用手套，如无，用敷料、干净布片、塑料袋、餐巾纸作为隔离层。

第二，脱去或剪开衣服，暴露伤口，检查伤情。

第三，加盖敷料，封闭伤口，防止污染。

第四，动作要轻巧而迅速，部位要准确，伤口包扎要牢固、松紧适宜。

第五，不要用水冲洗伤口（烧伤、烫伤、化学伤除外）。

第六，不要对嵌有异物或骨折断端外露的伤口直接包扎。

第七，不要在伤口上用消毒剂或药物。

第八，如必须用裸露的手进行伤口处理，在处理完成后，用肥皂清洗双手。

（1）尼龙网套包扎、自粘创口贴。这是新型的包扎材料，应用于表浅伤口、头部及手指伤口的包扎。现场使用方便、有效。

1）尼龙网套包扎。尼龙网套具有良好的弹性，使用方便。头部及肢体均可用其包扎。先用敷料覆盖伤口并固定，再将尼龙网套套在敷料上。

2）自粘创口贴。自粘创口贴有各种规格，透气性能好，具有止血、消炎、止疼、保护伤口等作用，使用方便，效果佳。

（2）绷带包扎

1）环行法（见图3—11）。此法是绷带包扎中最常用的，适用肢体粗细较均匀处伤口的包扎。

伤口用无菌敷料覆盖，用右手将绷带固定在敷料上，左手持绷带卷环绕肢体进行包扎。

操作要点：

第一，将绷带打开，一端稍作斜状环绕第一圈，将第一圈斜出一角压入环行圈内，环绕第

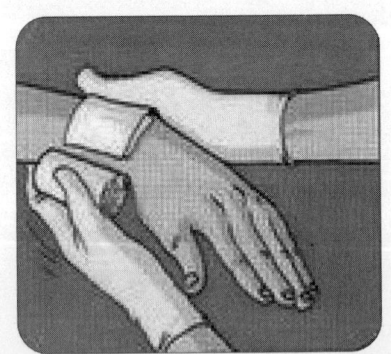

图3—11

二圈。

第二，加压绕肢体环形缠绕4~5层，每圈盖住前一圈，绷带缠绕范围要超出敷料边缘。

第三，最后用胶布粘贴固定，或将绷带尾端从中央纵形剪成两个布条，两布条先打一结，然后再缠绕肢体打结固定。

2）回反包扎（见图3—12）。用于头部、肢体末端或断肢部位的包扎。

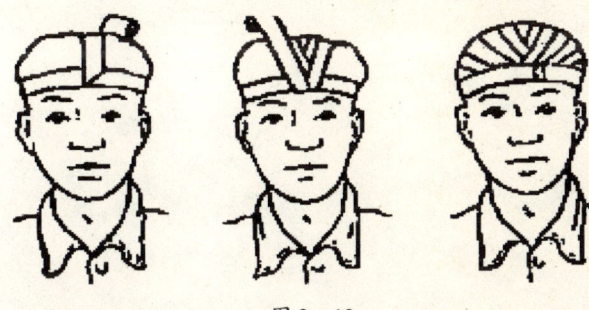

图3—12

操作要点：

第一，用无菌敷料覆盖伤口。

第二，先环行固定两圈。

第三，左手持绷带一端于头后中部，右手持绷带卷，从头后方向前到前额。

第四，将固定前额处绷带向后反折。

第五，反复呈放射性反折，直至将敷料完全覆盖。

第六，环形缠绕两圈，将上述反折绷带固定。

3）"8"字包扎（见图3—13）。手掌、踝部和其他关节处伤口用"8"字绷带包扎。选用弹力绷带最佳。

图3—13

操作要点：

第一，用无菌敷料覆盖伤口。

第二，包扎手时从腕部开始，先环行缠绕两圈。

第三，经手和腕"8"字形缠绕。

第四，绷带尾端在腕部固定。

第五，包扎关节时绕关节上下"8"字形缠绕。

4）螺旋包扎（见图3—14）。适用肢体、躯干部位的包扎。

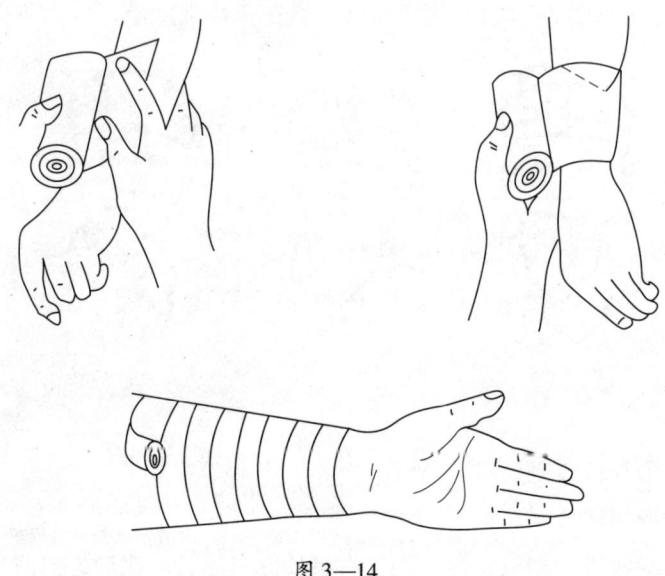

图3—14

操作要点：

第一，用无菌敷料覆盖伤口。

第二，先环行缠绕两圈。

第三，从第三圈开始，环绕时压住前一圈的1/2或1/3。

第四，用胶布粘贴固定。

（3）三角巾包扎。使用三角巾，注意边要固定，角要拉紧，中心伸展，敷料贴实。在应用时可按需要将三角巾折叠成不同的形状，适用于不同部位的包扎。

1）头顶帽式包扎（见图3—15）

操作要点：

第一，将三角巾的底边叠成约两横指宽，边缘置于伤病员前额齐眉处，顶角向后。

第二，三角巾的两底角经两耳上方拉向头后部交叉盖住顶角。

第三，绕回前额齐眉打结。

第四，顶角拉紧，折叠后掖入头后部交叉处。

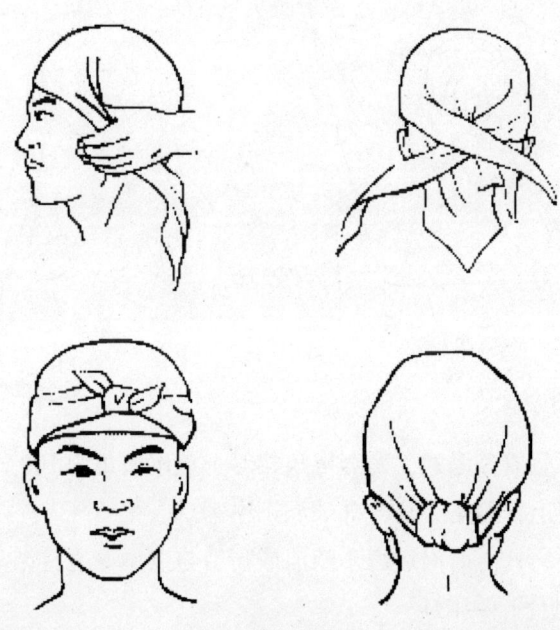

图 3—15

2）肩部包扎

①单肩（见图 3—16）

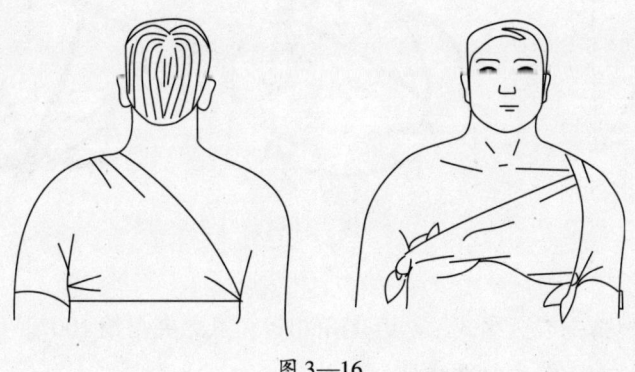

图 3—16

操作要点：

第一，三角巾折叠成燕尾式，燕尾夹角约 90°，大片在后压住小片，放于肩上。

第二，燕尾夹角对准伤侧颈部。

第三，燕尾底边两角包绕上臂上部并打结。

第四，拉紧两燕尾角，分别经胸、背部至对侧腋前或腋后线处打结。

②双肩（见图 3—17）

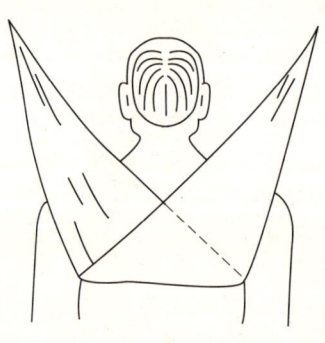 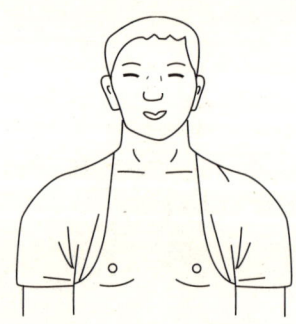

图 3—17

操作要点：

第一，三角巾折叠成燕尾式，两燕尾角相等，燕尾夹角约100°。

第二，披在双肩上，燕尾夹角对准颈后正中部。

第三，燕尾角过肩，由前向后肩于腋前或腋后与燕尾底边打结。

3）胸部包扎（见图3—18）

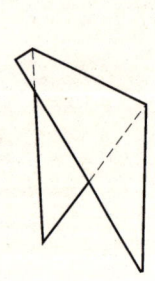 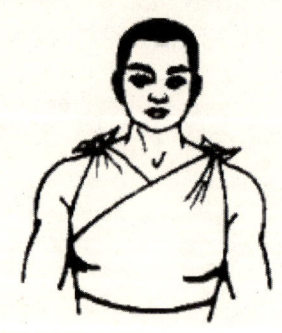 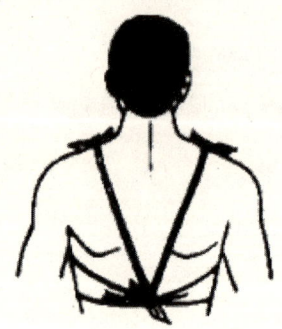

图 3—18

操作要点：

第一，三角巾折叠成燕尾式，两燕尾角相等，燕尾夹角约100°。

第二，置于胸前，夹角对准胸骨上凹。

第三，两燕尾角过肩于背后。

第四，将燕尾角系带，围胸与底边在背后打结。

第五，将一燕尾角系带拉紧绕横带后上提。

第六，再与另一燕尾角打结。

第七，背部包扎时，把燕尾巾调到背部即可。

4）腹部包扎（见图3—19）

图 3—19

操作要点：

第一，三角巾底边向上、顶角向下横放在腹部。

第二，两底角围绕到腰部后打结。

第三，顶角由两腿间拉向后面与两底角连接处打结。

5）单侧臀部（腹部）包扎（见图 3—20）

操作要点：

第一，三角巾折叠成燕尾式，燕尾夹角约 60°朝下对准外侧裤线。

第二，伤侧臀部的后大片压住前面的小片。

第三，顶角与底边中央分别过腹腰部到对侧打结。

第四，两底角包绕伤侧大腿根部打结。

第五，侧腹部包扎：将三角巾的大片置于侧腹部，压住后面的小片，其余操作方法与单侧臀部包扎相同。

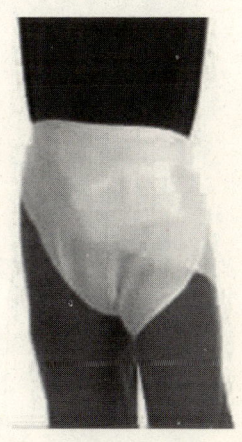

图 3—20

6）手（足）包扎（见图 3—21）

操作要点：

第一，三角巾展开。

第二，手指或足趾对向三角巾的顶角。

第三，手掌或脚掌平放在三角巾的中央。

第四，指缝或趾缝间插入敷料。

第五，将顶角折回，盖于手背或足背。

第六，两底角分别围绕到手背或足背交叉。

第七，在腕部或踝部围绕一圈后在手背或足背打结。

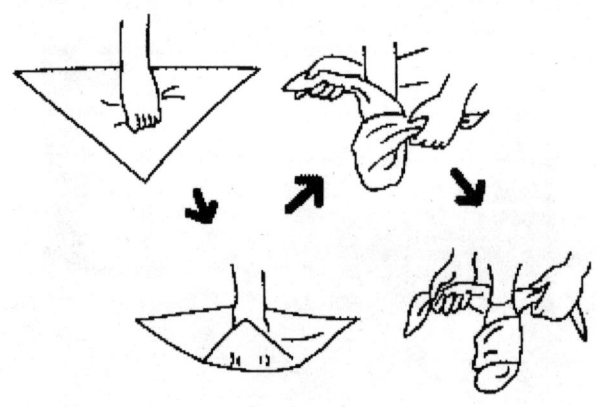

图 3—21

7）膝部（肘部）带式包扎（见图 3—22）

操作要点：

第一，将三角巾折叠成适当宽度的带状。

第二，将中段斜放于伤部，两端向后缠绕，反折回时分别压于中段上下两边。

第三，包绕肢体一周打结。

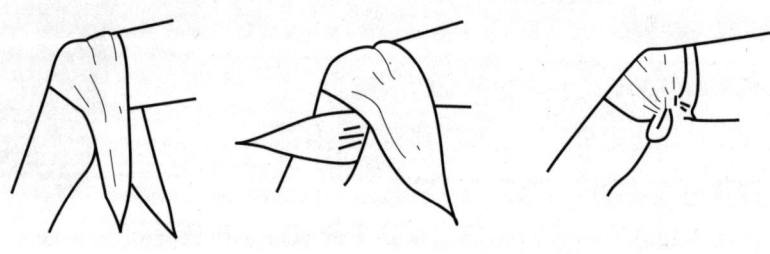

图 3—22

8）悬臂带

①小悬臂带。用于锁骨、肱骨骨折及上臂、肩关节损伤（见图 3—23 左图）。

操作要点：

第一，三角巾折叠成适当宽带。

第二，中央放在前臂的下 1/3 处。

第三，一底角放于健侧肩上，另一底角放于伤侧肩上并绕颈与健侧底角在颈侧方打结。将前臂悬吊于胸前。

②大悬臂带。用于前臂、肘关节的损伤（见图 3—23 右图）

操作要点：

第一，三角巾顶角对着伤臂肘关节，一底角置于健侧胸部过肩于背后。

第二，伤臂屈肘（功能位）放于三角巾中部。

第三，另一底角包绕伤臂反折至伤侧肩部。

第四，两底角在颈侧方打结，顶角向肘前反折，用别针固定。

第五，将前臂悬吊于胸前。

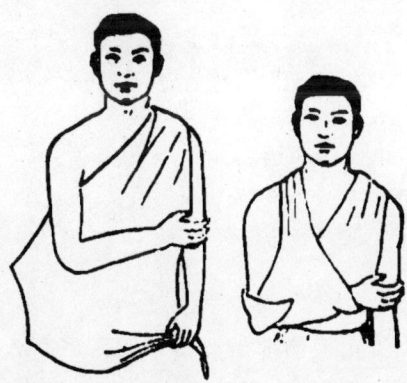

图 3—23

3.1.5 伤者搬运

1．伤者搬运概述

伤病员从事发现场到被搬运到担架、救护车、飞机等过程，都要求救护人员能够掌握正确的救护搬运知识和技能。

创伤的搬运护送包括如何将伤病员从受伤现场搬出以及现场救护后救护车等护送到医院两个方面。如从汽车驾驶室内、倒塌的物体下、狭窄的坑道、旅游景点、家庭住宅区等搬出伤病员。

2．伤者搬运的目的

（1）使伤病员脱离危险区，实施现场救护。

（2）尽快使伤病员获得专业治疗。

（3）防止损伤加重。

（4）最大限度地挽救生命，减轻伤残。

3．机上及野外搬运器材

（1）毛毯担架。在伤病员无骨折的情况下运用，毛毯也可用床单、被罩、雨衣等替代。

（2）衣物担架。将大衣袖向内翻成两管，用两根木棒分别插入袖内，衣身整理平整。

4．搬运护送原则

（1）迅速观察受伤现场并判断伤情。

（2）做好伤病员现场的救护，先救命后治伤。

（3）先止血、包扎、固定后再搬运。

（4）伤病员体位要适宜、舒服。

（5）不要无目的地移动伤病员。

（6）保持脊柱及肢体在一条轴线上，防止损伤加重。

（7）动作要轻巧、迅速，避免不必要的震动。

（8）注意伤情变化，并及时处理。

5．搬运要点

正确的搬运方法能减少伤病员的痛苦，防止损伤加重；错误的搬运方法不仅会加重伤病员的痛苦，还会加重损伤。因此，正确的搬运在现场救护中显得尤为重要。

具体操作要点：

（1）现场救护后，要根据伤病员的伤情轻重和特点分别采取搀扶、背运、双人搬运、三人搬运或四人搬运等措施。

（2）疑有脊柱、骨盆、双下肢骨折时不能让伤病员试行站立。

（3）疑有肋骨骨折的伤病员不能采取背运的方法。

（4）伤势较重，有昏迷，内脏损伤，脊柱、骨盆骨折，双下肢骨折的伤病员应采用担架搬运。

（5）现场如无担架可制作简易担架，并注意禁忌范围。

6．搬运方法

（1）徒手搬运。对于转运路程较近、病情较轻、无骨折的伤病员所采用的搬运方法。

1）拖行法。现场环境危险，必须将伤病员移到安全区域时，用此法。如图3—24所示。

①救护员位于伤病员的背后，将伤病员的双侧手臂横放于胸前。救护员的双臂置于伤病员的腋下，双手紧紧抓住伤病员手臂，缓慢向后拖行。

②将伤病员外衣扣解开，衣服从背后反折，中间段托住颈部，缓慢向后拖行。

2）扶行法。用来扶助伤势轻微并能自己行走的清醒伤病员。

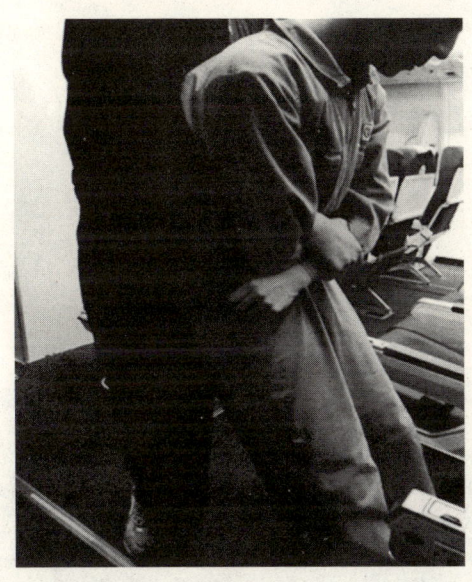

图 3—24

救护员位于伤病员一侧，将伤病员靠近救护员一侧的手臂抬起，置救护员颈部。救护员外侧的手紧握伤病员的手臂，另一只手扶持其腰。伤病员身体略靠住救护员。

3）抱持法。用于运送受伤儿童和体重轻的伤病员，救护员位于伤病员一侧，一手臂托伤病员腰部，另一手臂托住大腿，将伤病员抱起。

4）爬行法。适用于在狭小的空间及火灾烟雾现场的伤病员搬运。如图 3—25 所示。

图 3—25

将伤病员的双手用布带捆绑于胸前。救护员骑跨于伤病员躯干两侧，将伤病员的双手套于救护员颈部，使伤病员的头、颈、肩部离开地面。救护员双手着地或一手臂保护伤病员头颈部，一手着地，拖带爬行前进。

5）杠轿式。为两名救护员共同搬运。

两名救护员对面站于伤病员的背后，呈蹲位。各自用右手紧握左手腕，左手再紧握对方右手腕，组成杠轿。伤病员将两手臂分别置于救护员颈后，坐在杠轿上。救护员慢慢抬起，站立。将伤病员抬走。如图3—26所示。

图3—26

（2）担架搬运。担架是现场救护搬运中最方便的用具。2~4名救护员按救护搬运的正确方法将伤病员轻轻移上担架，做好固定。

1）搬运要点：

①伤病员固定于担架上。

②伤病员的头部向后，足部向前，以便后面抬担架的救护员观察伤病员的病情变化。

③抬担架人的步调一致。

④向高处抬时，前面人要将担架放低，后面人要抬高，以使伤病员保持水平状态；向低处抬则相反。

⑤一般情况下伤病员多采取平卧位，有昏迷时头部应偏于一侧，有脑脊液耳漏、鼻漏时头部应抬高 30°，防止脑脊液逆流和窒息。

2）毛毯担抬法。伤病员无骨折而伤势严重、机舱内狭窄可用此方法。

①将毛毯卷至半幅放在地上，卷边靠近伤病员。

②四位救护员分别同跪在伤病员头、肩、腰、腿部一侧。

③合力将伤病员身体侧翻，并使毛毯卷起部分贴近伤病员背部。

④将伤病员轻轻向后翻转过毛毯卷起部分。

⑤置伤病员为仰卧位。

⑥再将毛毯两边紧紧卷向伤病员，并贴近其身体两侧。

⑦同时合力，抬起伤病员。

7．伤病员的紧急移动

（1）脊柱骨折搬运。四人搬运方法：一人在伤病员的头部，双手掌抱于头部两侧轴向牵引颈部，有条件时戴上颈托。另外三人在伤病员的同一侧（一般为右侧），分别在伤病员的肩背部、腰臀部、膝踝部。双手掌平伸到伤病员的对侧。四人均单膝跪地，并同时用力，保持脊柱为中立位，平稳将伤病员抬起，放于脊柱板上，用头部固定器或布带固定头部。用 6~8 条固定带，将伤病员固定于脊柱板上。

（2）骨盆骨折搬运。三人搬运方法：固定伤病员骨盆。三名救护员位于伤病员的一侧。一人位于伤病员的胸部，将伤病员的手臂抬起置于救护员的肩上；一人位于腿部，一人专门保护骨盆。双手平伸，同时用力，抬起伤病员放于硬板担架上并固定。骨盆两侧用沙袋或衣物等固定，防止途中晃动。如同时伴有上臂骨折，固定后上臂用衣物垫起，与胸部相平行，肘部屈曲 90°放于胸腹部。头部、双肩、骨盆、膝部用宽布带固定于担架上，防止途中颠簸和晃动。

3.2　运动损伤的防治方法

学习目标

➢ 熟悉运动产生损伤的原因及运动后的恢复。

➢ 掌握常见运动损伤的防治方法。

➢ 能指导保安员进行日常训练并进行基本运动损伤的防治。

3.2.1 概述

保安员体能运动损伤直接影响基层教育训练，损害保安员身体健康，影响运动水平的提高，对提高训练质量有极大的阻碍作用，如训练中受伤人员较多，还有可能对单位的勤务派遣工作造成一定的影响，因此，如何有效地避免运动损伤，或在受伤后掌握一定的应急和辅助治疗手段，将会给空警、安全员长期的日常运动带来事半功倍的效果。

3.2.2 运动损伤产生的原因

1. 主观原因

（1）准备活动不充分，直接参加大负荷、动作幅度大的运动是造成某些运动损伤的主要原因。

（2）在运动中没有遵守循序渐进的原则。运动员从事力不能及的练习，在完成复杂技术过程中失去自我控制能力，就会造成扭伤或摔伤。

（3）在运动和比赛中注意力不集中也容易受伤。

（4）队员在运动中动作不当造成自己与他人的伤害。这种情况在擒敌拳训练过程中极易发生。

（5）航后休息不充分，身体处于疲劳状态，还继续从事大负荷训练也会造成运动损伤。

2. 客观原因

（1）柔韧性差。在运动训练和比赛中，由于强度加大，动作幅度也加大，一些肌肉和韧带的伸展性如果不够好就容易产生损伤。

（2）场地不平整也是产生运动损伤的原因。

3.2.3 常见的运动损伤及防治方法

1. 闭合性软组织损伤

（1）闭合性软组织损伤在运动损伤中非常常见。一般由受钝力作用，肌肉猛烈收缩，关节活动超越正常范围或劳损等引起。损伤无裂口，常见有挫伤、肌肉拉伤、关节韧带拉伤、滑囊炎、肌腱腱鞘炎等。

（2）处理方式：应限制活动，及时冷敷。24 h 后可热疗，肿胀消除可轻微活动，保护伤处以防重复损伤。对肌肉的细微损伤或有少量纤维撕裂，可及时给予冷敷，局部加压包扎,并提高患肢,疼痛重者可服止痛药。肌肉严重撕裂,在加压包扎急救后,立即送医院治疗。

2. 扭伤

(1) 由于关节部位突然过猛扭转,拧扭了附在关节外面的韧带及肌腱所致。踝关节、膝关节、腕关节扭伤是锻炼中常见的一种关节韧带损伤。多发生在球类、跑跳、拳腿法练习等项目。常因跳起后落地姿势不正确,或落在坑洼、石块上,不能使整个脚掌平着落地,造成扭伤。

(2) 处理方式:立即冷敷(用冷水冲洗,放上清洁的凉毛巾或冰块),如果有关节变形、关节脱臼的特征,不应该试图复位,这样有害无益,只能急送医院,请医生复位。

3. 急性腰扭伤

(1) 急性腰扭伤是腰部肌肉、筋膜、韧带等软组织因外力作用突然受到过度牵拉而引起的急性撕裂伤,常发生于腰部旋转速度过快、幅度过大,或搬抬重物、腰部肌肉强力收缩时。急性腰扭伤可使腰骶部肌肉的附着点、骨膜、筋膜和韧带等组织撕裂。

(2) 处理方式:可让患者仰卧在垫得较厚的木床上,腰下垫一个枕头,先冷敷,后热敷。

4. 骨折

(1) 常见骨折分为两种:一种是皮肤不破,没有伤口,断骨不与外界相通,称为闭合性骨折;另一种是骨头的尖端穿过皮肤,有伤口与外界相通,称为开放性骨折。

(2) 处理方式:对开放性骨折,不可用手回纳,以免引起骨髓炎,应用消毒纱布对伤口做初步包扎、止血后,再用平木板固定送医院处理。骨折后肢体不稳定,容易移动,会加重损伤和剧烈疼痛,可找木板、塑料板等将肢体骨折部位的上下两个关节固定起来。如一时找不到外固定的材料,骨折在上肢者,可屈曲肘关节固定于躯干上;骨折在下肢者,可伸直腿足,固定于对侧的肢体上。怀疑脊柱有骨折者,需仰卧在门板或担架上,躯干四周用衣服、被单等垫好,不致移动,不能抬伤者头部,这样会引起伤者脊髓损伤或发生截瘫。昏迷者应俯卧,头转向一侧,以免呕吐时将呕吐物吸入肺内。怀疑颈椎骨折时,需在头颈两侧各置一枕头或扶持患者头颈部,不使其在运输途中发生晃动。

5. 脱臼

(1) 脱臼即关节脱位。最主要的原因就是先天性身体的组织较松弛而造成的关节不稳定,其次则是因为受伤后造成的习惯性脱位,多是因为明显的创伤,如运动伤害,像投掷动作太过用力,或投掷过程忽遇阻力,柔道、角力等身体接触的技击运动;又如摔倒时以手撑地,或是肩膀着地等意外的动作,造成肩关节脱位,几乎都是前方向的脱臼,在保守治疗(关节复位)后,又再发生脱位或半脱位的情形。第一次的肩关节因受伤而脱位的经验是非常深刻的,受伤部位明显畸形并剧痛,感觉肩膀脱出,并且随之卡住而动弹不得。四肢大关节中以肩、肘脱位最为常见,髋关节次之,膝、腕关节脱位则较少见。

(2) 处理方式:一旦发生脱臼,应嘱伤员保持安静、不要活动,更不可揉搓脱臼部位,要立即送往医院。

6. 心力憔悴

(1) 心力憔悴时,学员往往发冷、多汗、脸色白或红、头痛、晕、虚、筋疲力尽。

(2) 处理方式:教员应控制学员整体运动量,运动场所应选择通风且阴凉的地方,运动的衣服应选择比较宽松的衣服,不要穿潮湿的衣服。

清醒后给学员慢喝些水、注意观察,该学员当天不要多运动。

7. 重力休克

(1) 重力休克时往往头晕、眼发黑、心难受、脸苍白、手发凉,严重时晕倒。产生的主要原因是学员运动时血液都供应下肢,突然静止运动时静脉回流不够,脑缺血缺氧,产生脑贫血。所以在强度运动后,不要马上停止运动。

(2) 处理方式:当学员重力休克时,可以让其平卧、脚垫高、头低于脚,从小腿顺大腿按摩。

8. 运动腹痛

(1) 运动腹痛产生的原因是多样化的,常见的有肝脾瘀血;慢性腹部疾病;呼吸肌痉挛(准备活动不够,肺透气低,运动与呼吸不协调);胃肠痉挛(运动前吃得过饱,饭后过早运动,空腹或喝水太多)。

(2) 处理方式:运动前应合理安排运动饮食,吃饭前后1 h运动,不空腹运动,不喝水太多运动。

当产生运动腹痛时应减慢运动速度,加深呼吸,调整运动呼吸节奏,手按疼痛部位,感觉疼痛剧烈时应马上停止运动。

9. 脚底筋膜炎和神经刺痛

(1) 脚底筋膜炎和神经刺痛往往是因为脚底频繁压力过多产生的疼痛。原因可能是鞋子问题或脚的生理结构不好。为避免脚底筋膜炎和神经刺痛的产生,准备活动一定要充分(包括脚部的准备活动)。

（2）处理方式：当运动后发现脚底筋膜炎或神经刺痛时可放松身体、增加休息时间、按摩、洗热水澡。

10. 肌腱、小腿肌痛

（1）肌腱、小腿肌痛是经常提脚跟造成的。运动前后的准备活动和放松要多伸展肌腱、小腿肌，可以防止损伤和减轻疼痛。

（2）处理方式：产生肌腱、小腿肌痛后，可适度做伸展减少痛感，并放松、休息、按摩、洗热水澡。

11. 半月板症

（1）半月板症一般是由于过度膝部动作造成的，例如跑步等，有半月板症的人在跑步时常会有"咔"的响声，半月板症患者应减少过多的膝部动作、转体动作以及跳等对半月板产生撞击的动作。

（2）处理方式：运动后如发现半月板症发作时，应减少对膝部的压力，尽量少站立，可采取休息、按摩、洗热水澡等方式放松自己。

12. 腰肌劳损

（1）腰肌劳损往往是由于练习方法不当（如仰卧起坐时不屈腿），急于运动而造成的疲劳损伤。应在运动前多做扭腰运动、体转运动，学习正确的动作技术，不急于求成。

（2）处理方式：腰肌劳损后注意放松、休息、按摩、洗热水澡。

13. 颈椎疾病

（1）颈椎疾病往往是学员练习方法不当（如仰卧起坐时不抱颈），颈部运动过多而疲劳损伤。应在运动前学习正确的动作技术，颈部运动不要过多。

（2）处理方式：颈椎疾病发生后要注意放松、休息、按摩、洗热水澡。

14. 胫骨膜炎

（1）胫骨膜炎发作时，胫骨前骨膜与骨骼会有剥离的感觉，产生疲劳与酸痛。产生的原因一般是：学员练习方法不当、地面不平、小腿的肌肉发展不平衡以及突然的压力。

（2）处理方式：在训练时学习正确的锻炼方法（如不要长时间的连续跳跃动作、上下踏板动作）。胫骨膜炎发作时可做伸展运动来减轻疼痛感，按摩消除疲劳。

3.2.4 运动后恢复

1. 运动后恢复按摩的重要性

激烈的运动训练或竞赛之后，运动员的神经、体液、循环、呼吸、消化、代谢和酸碱平衡等方面，都会发生巨大的变化，这些变化一时破坏了机体内环境的平衡，但它很快又达到新的平衡。这个新的平衡，通常都标志着机体工作能力的提高。但是，在内环境各机能系统达到平衡的过程中，有时出现迟缓环节，一般表现为精神过度紧张、失眠、肌肉紧张、疲劳等。运动后的按摩，可以使这些现象消除，加速内环境达到新的平衡，加速提高承受运动负荷的能力，加速完成对后面运动负荷的准备。

2. 一般运动后按摩所采用的方法

按摩的手法以及用力的大小、时间的长短等，均应根据运动员的体质、性别、运动项目的特点，特别是要求根据运动后反映出来的情况（如头昏胀、欲呕、四肢乏力、肌紧张、失眠等）来决定。需要遵守个别对待的原则，不可千篇一律。通常采用的手法有抚摩、揉捏、推压、震动和抖动等。对体质强壮、肌肉丰满者，按摩力量应当重些，时间应当长些；反之，用力则要轻些，时间应当短些。运动员在十分疲劳的情况下，常采用经穴按摩，其手法是按、压、分、揉、掐、推等，以疏通气血，内外通达，平衡阴阳，使运动能力得到较快的恢复，并有所提高。

运动后的全身按摩：通常是一周一次的进行，在训练后休息 1～2h 或更长的时间后进行。最好是在温水浴后，在温暖、清静的室内进行。运动员舒适地躺在床上，裸露被按摩的部位，依照胸、腹、上肢、下肢的次序，顺血液和淋巴回流的方向进行按摩。使用揉捏、推压、摇晃、抖动等手法，用力是由重到轻。同时根据各个部位的疲劳情况，循经取穴，施行揉、捻、推、掐等手法，以调和气血，更快地消除疲劳。如按摩进行到运动员快要入睡，应停止按摩，给被按摩者轻轻盖上被子，以防感冒。运动员睡醒之后，便会精神饱满，全身舒适。

3. 身体各部位具体按摩方法

（1）腰背部按摩。受术者俯卧位，术者双掌重叠用掌跟从上向下，或从下向上往返按揉腰背部肌肉。如图 3—27 所示。

（2）按揉背部腧穴。受术者俯卧位，术者用双手拇指指腹按揉双侧天宗、肩井、脾俞穴，每穴 0.5 min。如图 3—28 所示。

（3）分推背腰部。受术者俯卧位，术者用双手鱼际掌侧紧贴肩背腰部体表横向进行分推，往返操作 1~2 min。如图 3—29 所示。

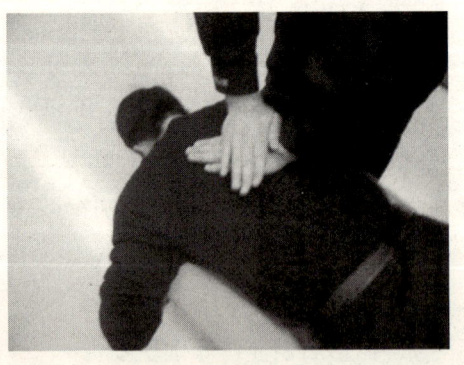

图 3—27

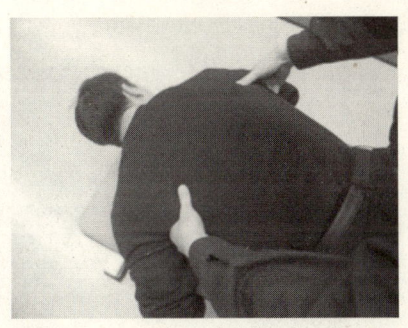
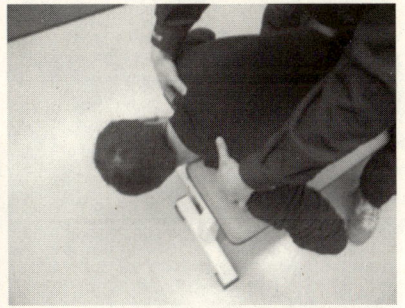

图 3—28

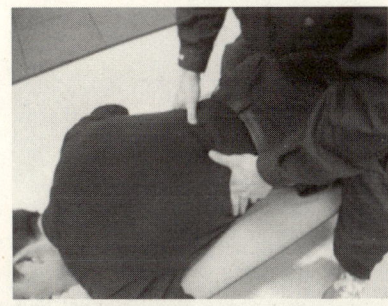
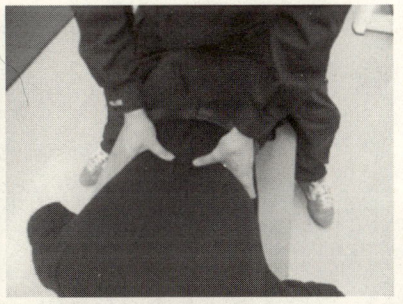

图 3—29

(4) 按揉肾俞、命门穴。受术者俯卧位，术者用双手拇指按揉两侧肾俞穴，再用单手拇指按揉命门穴，每穴 0.5 min，以局部酸胀为度。如图 3—30 所示。

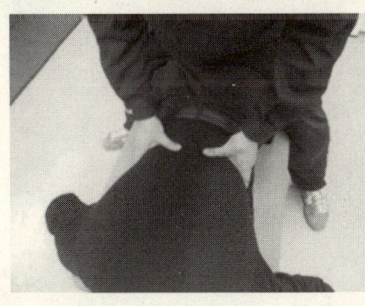
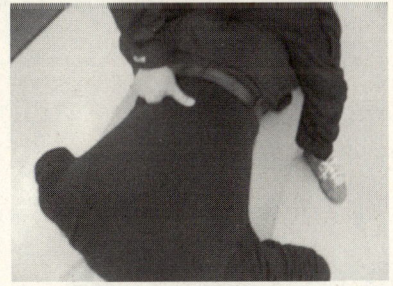

图 3—30

(5) 搓摩背腰部。受术者俯卧位，术者用双掌紧贴背腰部体表做上下往返搓摩腰背部 10~20 次。如图 3—31 所示。

(6) 肘按揉环跳穴。受术者俯卧位，术者屈肘关节，用肘尖部按揉环跳穴，以局部酸胀或酸麻向下肢放射为宜。如图 3—32 所示。

(7) 擦肾俞、命门。受术者俯卧位，术者先在局部涂少许润滑剂，然后用小鱼际尺侧面横擦肾俞、命门，以发热为度。如图 3—33 所示。

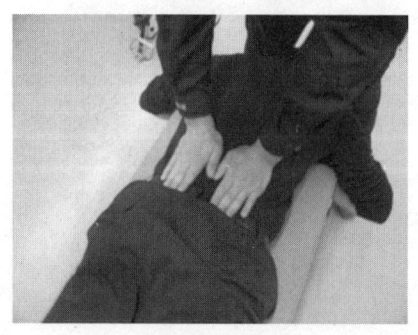

图 3—31

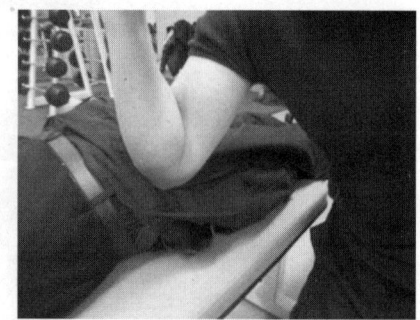

图 3—32

（8）叩击腰骶。受术者俯卧位，术者手握空拳，以拳眼叩击腰骶部。如图 3—34 所示。

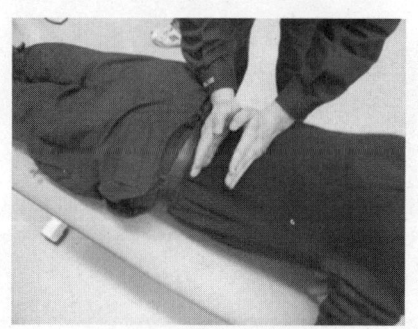

图 3—33

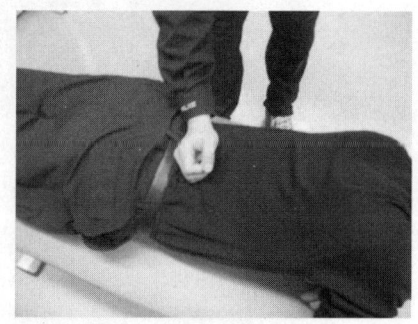

图 3—34

（9）揉捏上肢。受术者坐位，术者用拇指与其余四指相对用力揉捏上肢肌肉，从上而下反复操作。如图 3—35 所示。

（10）按揉肩井穴。受术者坐位，术者用拇指指腹按揉肩井穴。如图 3—36 所示。

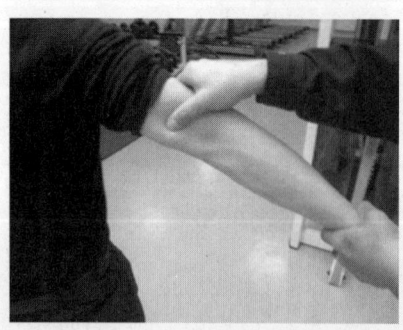

图 3—35

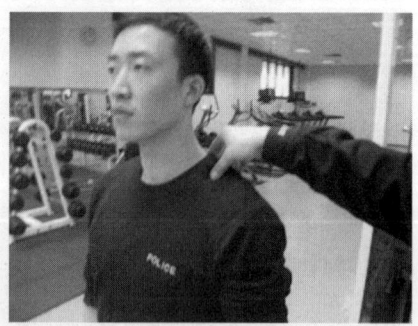

图 3—36

(11) 拿揉肩部。受术者坐位,术者用拇指与其余四指拿提肩部的三角肌,边拿边揉。如图3—37所示。

(12) 揉捏前臂。受术者坐位,术者用拇指与其余四指相对用力揉捏前臂肌肉,上下反复操作。如图3—38所示。

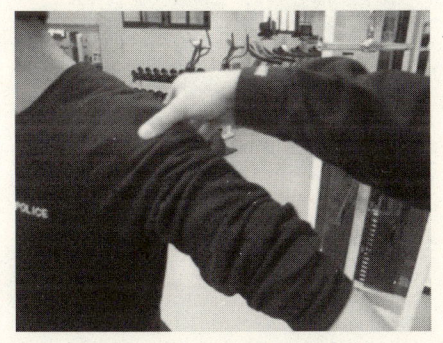
图3—37

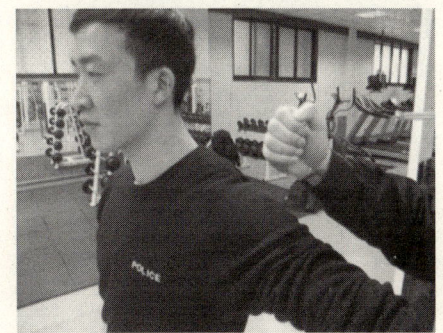
图3—38

(13) 拿捏下肢。受术者俯卧位,术者用双手拇指与其余四指相对用力拿捏大腿后部和小腿后部肌肉,用力不可太大,以局部酸胀为宜。如图3—39所示。

(14) 揉捏大腿前。受术者仰卧位,术者用双手拇指与其余四指相对用力,拿捏大腿前侧肌肉,从上向下反复操作。如图3—40所示。

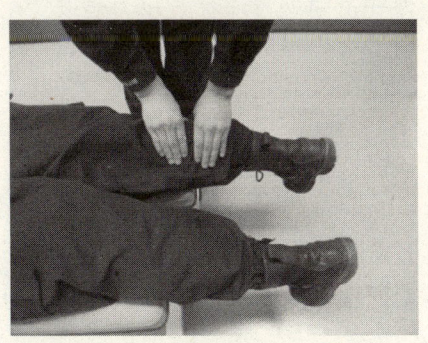
图3—39

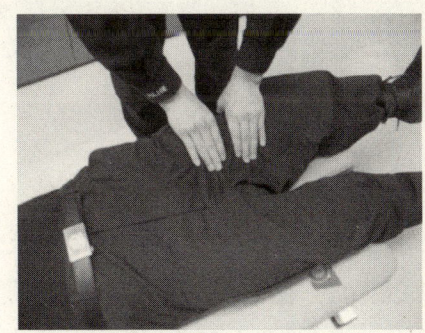
图3—40

(15) 点按下肢前侧腧穴。受术者仰卧位,术者用拇指指腹点按髀关、伏兔、血海、阳陵泉、足三里、解溪、太冲等穴。如图3—41所示。

(16) 揉搓大腿前。受术者仰卧位,术者用双手掌相对用力搓揉大腿前侧肌肉,从上至膝反复操作。如图3—42所示。

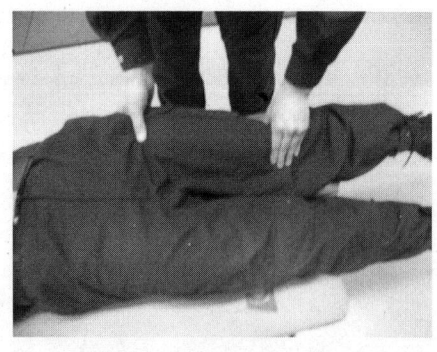　　　　　　　　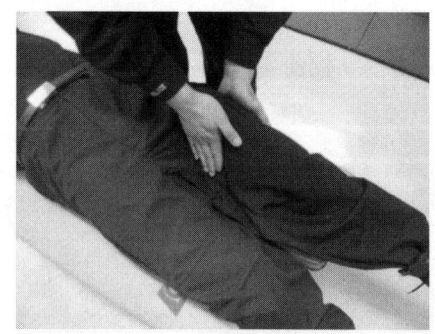

　　　图3—41　　　　　　　　　　　　　　图3—42

3.3 生化隔离

学习目标

➢ 知道生物武器与化学武器的危害。
➢ 掌握机上生化隔离的处置原则及方法。
➢ 明确机上发生恐怖生化袭击事件时航空保安员的处置流程及相关要求，在发生事件时能有效正确地处置。

3.3.1 生化隔离的介绍

1. 生化隔离概述

生化隔离是指面对生物和病毒侵犯时所做的应对措施，航空器客舱内部受到生物与病毒侵犯时，舱内工作人员应充分考虑到客舱内狭小、密闭的环境，有效利用客舱内的资源做好人员防护工作，尽量减小人员受伤程度。

2. 生物武器介绍

生物武器也叫细菌武器。它包括致病微生物及其产生的毒素，施放装置有气溶胶发生器、喷撒箱、各种生物炸弹以及装载生物战剂的容器等，由飞机、火炮、舰艇施放，通过人的呼吸进入呼吸道造成感染致病，如鼠疫、野兔热等均经呼吸道感染。一般情况下经口或经皮肤感染的毒素或虫媒病毒（如内毒毒素、黄热病病毒等）也可经呼吸道感染。

3. 化学武器介绍

化学毒剂伤害一般是指有毒有害化学品对人体的伤害。有毒有害的化学品，具有易生产、成本低、使用方便、时间可控、有效期长、难于监控等特点，极易造成严重后果。

3.3.2 生物隔离

1. 细菌的介绍

细菌（bacterium）属于原核细胞型单细胞微生物，它体积微小，结构简单，以二分裂方式繁殖，并能在人工培养基上生长。各种细菌在一定的环境条件下有相对恒定的形态与结构，这与细菌的分类、染色性、致病性、免疫性、抵抗力和对药物的敏感性等均有十分密切的关系。因此，了解细菌的形态与结构有助于鉴定细菌，诊断和防治疾病，对于研究细菌的生理功能、遗传变异、消毒灭菌等也有重要意义。细菌按其外形划分，主要有球菌、杆菌和螺形菌三大类。

2. 常见灭菌方法

（1）滤过除菌法。滤过除菌是用物理阻留的方法将液体或空气中的细菌除去，以达到无菌目的。所用的器具是滤菌器，滤菌器含有微细小孔，只允许液体或气体通过，而大于孔径的细菌等颗粒不能通过。滤过法主要用于一些不耐高温的液体（如血清、毒素、液体等）以及空气的除菌。滤菌器除菌性能与滤器材料的特性、滤孔大小、静电作用等因素有关。滤菌器的种类很多，目前常用的有薄膜滤菌器、陶瓷滤菌器、石棉滤菌器（亦称 Seitz 滤菌器）、烧结玻璃滤菌器等。一般除菌滤膜的孔径为 $0.22\ \mu m$，可除去细菌，但不能除去病毒、支原体和 L 型细菌。

（2）化学消毒灭菌法。许多化学药物能影响细菌化学组成、物理结构和生理活动，从而发挥防腐、消毒甚至灭菌的作用。消毒防腐药物一般都对人体组织有害，只能外用或用于环境的消毒。

化学消毒剂的杀菌机制主要是：

1）促进菌体蛋白质变性或凝固，例如酚类（高浓度）、醇类、重金属盐类（高浓度）、酸碱类、醛类；

2）干扰细菌的酶系统和代谢；

3）损伤细菌细胞膜，使胞外液体内渗，致使细菌破裂。

3. 个人防护与集体防护

呼吸道防护最为重要，应戴制式防毒面具、口罩或简单的防疫口罩、毛巾口罩等，颈部、领口系上围巾或毛巾。扎紧袖口和裤脚管，袜子套在裤脚管外面，戴好手套。

4. 机上卫生防疫包的介绍（见图3—43）

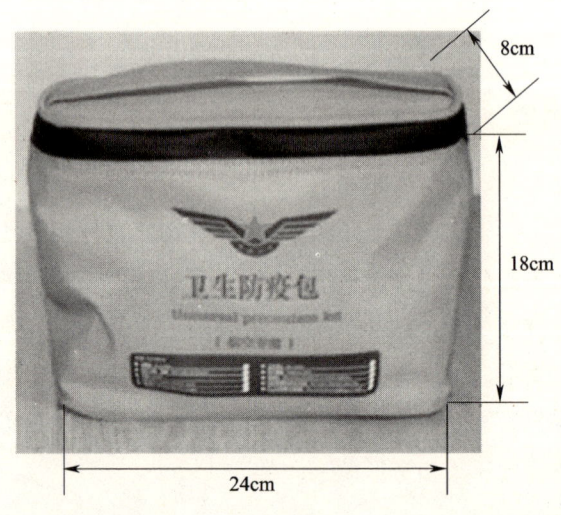

图 3—43

（1）配置原则。按照 CCAR-121-R4 和 AC-121-102R1 的规定配备机载卫生防疫包；卫生防疫包内药械器具的配备种类、数量和性能指标应达到相关要求并不得对航空器及座舱内设施设备造成不良影响；卫生防疫包内药械器具均为一次性，不得重复使用。

（2）配置数量。每架飞机在载客飞行中所配卫生防疫包的数量不得少于每100个旅客座位1个（100座以内配1个）。执行疫区飞行的航线飞机，适当增加防疫包配置数量。

（3）位置。卫生防疫包应当固定放置于客舱内，卫生防疫包存放处应贴有识别标志，以方便工作人员迅速识别位置；卫生防疫包的存放位置应容易获取；配备两个以上卫生防疫包的飞机需按照旅客位置分散放置。

（4）配备标准

1) 卫生处置用品

消毒凝固剂：100 g。

表面清理消毒片：1~3 g。

皮肤消毒擦拭纸巾：10 片。

便携拾物铲：1 套。

生物有害物专用垃圾袋：1 套。

吸水纸（毛）巾：2 块。

2）个人防护用品

医用口罩：1 副。

眼罩：1 副。

医用橡胶手套：2 副。

防渗透橡胶（塑料）围裙：1 条。

3）文件

事件记录本或机上应急事件报告单：1 本（若干页）。

物品清单和使用说明书：1 份。

5．卫生防疫包的使用

表面清理消毒片、消毒凝固剂以及防护用品应当取得相关行政卫生许可批件或卫生部认定实验室检测报告。所有药械器具均应单独密闭包装，其中个体防护用品（围裙、手套、眼罩、口罩）和吸水纸（毛）巾等应经过灭菌处理。卫生防疫包内所有药械器具的质量保质期不应少于 2 年。

（1）穿戴个人防护用品：穿戴顺序为口罩→眼罩→手套→围裙。

（2）配制消毒液：1 片消毒片溶入 250～500 mL 清水（1∶500～1 000 浓度）。

（3）将消毒凝固剂均匀覆盖于污物（液体、排泄物）3～5 min，使其凝胶固化。消毒凝固剂具有吸水、凝胶化和抑菌等作用，对金黄色葡萄球菌和大肠杆菌均有较强的抑制作用。

（4）使用便携拾物铲将凝胶固化的污物铲入生物有害物专用垃圾袋中。

（5）用配好的消毒液浸泡的吸水纸（毛）巾（每片至少吸水 100 mL 以上）对污物污染的物品和区域进行消毒；表面滞留 5 min，消毒 2 次，最后应用清洁水擦拭清洗 2 次，所有消毒用品使用完后应放入生物有害物专用垃圾袋中。

（6）除去个人防护用品。顺序为：手套→围裙（用皮肤消毒擦拭纸巾擦手消毒）→眼罩→口罩（再用皮肤消毒擦拭纸巾擦手及身体其他可能接触到污物的部位）。

（7）将使用后的防护用品装入生物有害物专用垃圾袋，封闭垃圾袋；然后将填写完整的"生物有害垃圾标签"粘贴在垃圾袋封口处，所有个人防护用品使用后均应放入垃圾袋中。

（8）将已封闭的生物有害物专用垃圾袋暂时存放于适当位置，禁止将该垃圾袋存放在餐食、机供品存放处，避免丢失、破损或对机上餐食造成污染；通知目的地的地面相关部门做好接收准备,飞机降落后将垃圾袋移交至地面相关部门。

3.3.3 化学毒物隔离

1. 化学毒剂的种类

(1) 神经性毒剂:塔崩、沙林、梭曼、GF、VX。

(2) 全身中毒性毒剂:氢氰酸、氯化氰。

(3) 糜烂性毒剂:路易氏气、氮芥和硫芥、光气等。

(4) 重金属:砷、铅、汞。

(5) 挥发性毒物:苯、氯仿、三卤甲烷。

(6) 可吸入性物质:光气、氯、氯化乙烯。

(7) 失能剂:BZ。

(8) 杀虫剂:抗药性和非抗药性杀虫剂。

(9) 二噁英、多氯联苯。

(10) 爆炸性氮化合物和氧化物:燃料油与硝酸铵结合物。

(11) 可燃性工业用气体、液体与固体:汽油、丙烷。

(12) 腐蚀性工业用酸碱:硝酸、硫酸。

(13) 高毒性农药及高毒性药物等。

2. 化学毒剂伤害的特点

(1) 突发性。化学毒性化合物作用迅速、危及范围大,它的发生往往是突发和难以预料的。

(2) 群体性。在较短的时间内可导致多人同时中毒,一般死亡率可高达50%左右。

(3) 隐匿性。病因不能马上确定,难以监测,事态的扩大不能很快得到控制。中毒发生时,经常会被误诊。

(4) 快速性和高度致命性。除一氧化碳在极高浓度下可在数分钟、数十分钟内致人死亡外,氰化物气体、硫化氢、氮气、二氧化碳在较高浓度下均可于数秒钟内使人发生"电击样"死亡。其机制一般认为与急性反应性喉痉挛、反应性延髓中枢麻痹或呼吸中枢麻痹等有关。

3. 化学毒剂的防范措施

(1) 加强信息收集和监控。

(2) 建立有效的应急反应和医疗保障体系。

(3) 避免恐慌，减轻公众的恐慌心理。

(4) 普及化学毒剂相关知识和救护技能。

4．化学毒剂的防护器材

(1) 防毒面具。

(2) 皮肤防护器材。

(3) 隔绝式防毒衣。

(4) 防毒围裙、袖套。

(5) 简易防护器材。

(6) 简易防护眼镜（与皮肤密合的游泳镜）。

(7) 简易皮肤防护器材：雨衣、塑料布、薄膜、帆布、油布、毯子、棉大衣。

5．现场急救原则

重伤后 1 h 内为黄金抢救时间，10 min 内为白金抢救时间，采取"一戴二隔三救出"及"六早"的急救措施，以降低死亡率。

"一戴"，即施救者应首先做好自身应急防护。如有条件应立即佩戴好输氧或送风式防毒面具，系好安全带，无条件者也可佩戴简易防毒口罩，但需注意口罩型号要与毒物种类相符，腰间系好安全带（或绳索），方可进入高浓度毒源区域施救。由于防毒口罩对毒气滤过有限，故佩戴者不宜在毒源处停留时间过久，必要时可轮流或重复进入。毒源区外人员应严密观察、监护，并拉好安全带（或绳索）的另一端，一旦发现情况应立即令其撤出或将其牵拉出。

"二隔"，即做好自身保护的施救者应及早阻断中毒者继续吸入毒气。机上最佳的办法是由施救人员将便携式供氧装置（如氧气袋、瓶等）戴在被救人员口鼻处为其吸氧。此外，毒源区域迅速通风或使用鼓风机向中毒者方向送风，也有明显驱毒效果。

"三救出"，即抢救人员在"一戴""二隔"的基础上，争分夺秒地将中毒者移离出毒源区，进一步做医疗救治。一般以 2 名救护人员抢救 1 名中毒者为宜，可缩短移离时间。

6．机上化学毒物的应急处置

(1) 机上救护原则。由于客舱内是一个密闭空间，容易造成染毒人员较多及舱内秩序混乱，救护人员必须在机组人员统一指挥下，实施应急救援。

(2) 机上化学毒物的应急处置。救护人员除做好自身的防护外，还要做好毒区内所有人员的防护。在对中毒人员救治时，应打开通风口，防止伤病员继续中毒。衣物、皮肤及易接触的物品已染毒时，必须采取消除措施。群体的防护主要是将人员转移至不易受有毒有害气体、液体影响的安全区域。特别要加强对呼吸困难、惊厥、休克等中毒人员及复合伤伤病员的救护。通知机长紧急备降至条件许可的机场。

第 4 章

空防业务培训指导

学习目标

➢ 掌握培训目标制定、培训整体设计以及阶段评价的方法,并能运用于对航空保安员的理论知识、体能素质、业务技能等方面的培训及指导。

1. 空防业务培训目标

空防业务培训目标即通过培训使航空保安员在理论知识、体能素质、业务技能等方面达到预期的培训标准。

2. 空防业务培训整体设计

空防业务培训整体设计是针对某一课题或某一等级航空保安员的培训需求所开发的培训架构。包括确定培训进度、设计培训内容、划分培训单元、编排培训内容、整合培训资源、选择授课方法等内容。

(1) 确定培训进度。培训进度是进行培训整体设计不可缺少的部分。要合理配置培训时间,使航空保安员在整个培训执行期间积极参与学习活动,实现培训时间的最大价值。

培训进度是培训执行所需的实际时间以及具体安排。培训所需的时间过长会影响航空保安员的正常工作,而且会令人疲惫,难以获得良好的培训效果;时间过短则会使培训内容过多,难以被航空保安员吸收和消化。

确定培训进度的基本原则就是短、平、快,充分利用时间。在确定培训进度的过程中应遵循:

1) 每天的学习重点最多不超过 5 个,以 3 个为最佳。

2）上午精力充沛，可多安排理论知识的学习。

3）下午精神难以集中，要多安排休息和活动。

4）每天至少要预留一个小时午餐时间和三次 15 min 的课间休息。

5）每天最好留出半个小时的时间来答疑或处理突发问题。

（2）设计培训内容。根据培训目标的要求，把所有航空保安员需要学习的理论知识、体能素质、业务技能等内容列出来，确定培训中必须了解的内容。在选择培训内容时应遵循：

1）真正适应航空保安员发展。

2）充分体现培养、提高航空保安员整体素质的目的。

3）充分体现培训的目标要求。

4）充分反映最新的理论成果。

（3）划分培训单元。尽量把内容分解成单元，这主要是出于以下两个方面的考虑。

1）遵循培训内容逐步展开的逻辑进程。

2）有利于根据实际需要更新培训内容。

（4）编排培训内容。选择好所有的培训内容之后，还应该编排培训中讲解的先后顺序。

1）培训内容编排原则。在理论知识、体能素质、业务技能等方面根据航空保安员业务等级、业务流程的要求，采用比较合理的编排模式。

2）培训内容编排程序。培训内容组织要有条理，符合逻辑，通俗易懂。

（5）整合培训资源

1）选择培训工具。培训工具一般分为普通培训工具和新型培训工具两种类型。具体的培训工具通常有黑白板、录像机或光盘、投影仪、辅助器材、模拟器材、户外基地等。

2）设置培训场所。培训场所的布置对培训效果具有很重要的作用。一般有 U 型、V 型、圆型、鱼骨架型和阶梯型 5 种安排方式。

3）准备培训资料。培训资料包括讲师授课所需的授课资料、课件以及学员手册等主导资料，还包括学员用到的培训安排表、培训反馈表以及在授课过程中需要的案例分析资料、测试卷等辅助性资料，根据培训的要求，可能还需要学员的名单等资料。

（6）选择授课方法。授课方法的选择直接影响培训的效果，是培训整体设计的一个重要内容。根据授课内容、培训对象选择不同授课方法。

1）讲授法。又称"课堂演讲法"，是指通过语言表达的形式传授知识、技能和态度，使抽象知识变得具体形象、浅显易懂，一次性传播给众多听课者的培训方法。

优点：易控制节奏，适用面广，适合大群体。

缺点：缺少互动和参与。

适用于法律法规、规章制度等理论性内容培训。

2）行为示范法。是指给航空保安员提供一个演示行为的模型，然后提供实践这些行为的机会的方法，包括告知、展示、行动、复习4个环节。

优点：直观，可及时纠正航空保安员的错误。

缺点：不易控场。

适用于各类技能的培训。

3）视听法。又称"多媒体教学"，是指利用幻灯、电影、录像、录音、电脑等视听教材与航空保安员之间互动交流来刺激航空保安员，使其在视觉、听觉、触觉上形成多方位的感受，从而使之产生体验。

优点：形象直观。

缺点：注意力容易分散，使用太多容易喧宾夺主。

适用于介绍企业概况、擒敌技能等培训。

4）角色扮演法。设定一个最接近现在状况的情景，指定航空保安员扮演某种角色，借助角色的演练来理解角色的内容，从而提高主动地面对现实和解决问题的能力。

优点：有趣生动，利于技能运用。

缺点：不易控场。

适用于询问、谈判、制敌等技能的培训。

5）案例分析法。把实际工作中出现的问题作为案例，向航空保安员展示真实的背景，提供大量背景材料，由航空保安员依据背景材料来分析问题，提出解决问题的方法，从而培训航空保安员的分析能力、判断能力、解决问题能力及执行业务能力。

优点：联系实际，现实性强。

缺点：准备工作多。

适用于对机上各类扰乱行为及非法干扰行为案例的学习培训。

6）小组讨论法。将航空保安员分成若干小组，向每一组提出一定的任务或问题，要求小组成员通过讨论，共同完成。

优点：能调动航空保安员积极性，检验掌握程度。

缺点：易跑题。

适用于处置各类机上突发事件的技巧等技能的培训。

（7）考评小结。以考核的方式，检验航空保安员的培训成效，及时发现不足之处以便于改进。

3. 空防业务培训阶段评价

（1）阶段评价的目的。在完成培训的单元设计后，需要对培训需求分析、培训目标、培训整体和单元设计进行阶段评价和修订，以便为培训的实施奠定基础。

表4—1

培训需求分析	评价	培训需求分析是否体现了航空保安员的真正需求
	修订	培训需求的删减、补充以及调整
培训目标	评价	培训目标是否按照培训内容进行设计，是否符合目标设计原则
	修订	培训目标的修正、删减和完善
培训整体和单元设计	评价	培训整体和单元设计是否满足培训需求，达到培训目标
	修订	设计内容、形式、方法、材料、时间等的调整、完善和删减

（2）培训效果评估的方法

1）问卷调查法。这是指借助预先设计好的调查问卷，在培训项目结束时了解培训效果的一种方法。

2）访谈评估法。此方法是与一个或多个受访对象直接进行交谈，以了解其对培训的态度和看法。

3）直接观察法。此方法是评估者在培训实施过程中及结束后，观察航空保安员在培训过程中的反映情况及其在培训结束后的工作表现。

4. 空防业务培训教案制定范例

空防业务培训教案制定范例见表4—2。

表4—2　　　　　　　　空防业务培训教案制定范例

课程名称	客舱擒敌术
单元名称	抓腕反拧击头
授课目的	通过训练，掌握"抓腕反拧击头"的动作要领
授课课时	3课时
授课地点	训练场
授课人数	20～30人

续表

课程进度	课程内容	课程重点	使用教具	授课方法
第一课时	1. 客舱擒敌术的概述 2. 人体要害部位介绍 3. 通过视频介绍擒敌术	1. 熟练掌握客舱擒敌术能使空警、安全员在处置复杂的非法干扰事件中有效地打击对方，保护自己，从而出色地完成空防安全任务 2. 面部、太阳穴、后脑、喉部、心窝、肋部、下腹部、裆部等要害部位受到打击会剧痛或休克；指关节、腕关节、肘关节、肩关节、膝关节、踝关节等受到打击和控制，会失去抵抗能力	投影仪	讲授法、试听法
第二课时	示范介绍"抓腕反拧击头"的动作要领： 1. 抓腕 2. 反拧 将学员分组（主攻手与配手）后相互体会练习	1. 抓腕时，主攻手用虎口迅猛抓住对手持械手手腕，动作应在水平层面中完成，千万不能由上往下用虎口来抓取，动作实施中必须做到动作准确，出招果断、迅速 2. 反拧时，上步动作须保持自身重心在可控状态，压腕过程中，主攻手应双手牢牢抓住对手手腕，并以双手大拇指及根部用力向内按压对手手腕，使之成为反关节可控状态，此时主攻手重心应略偏向于前脚		行为示范法
第三课时	示范介绍"抓腕反拧击头"的动作要领： 击头 将学员分组（主攻手与配手）后相互体会练习 连贯动作以流水作业及集体作业的形式练习，并进行分组竞赛互相点评 授课总结点评	1. 击头时，主攻手应转腰送髋，用肘关节最尖锐点击打对手太阳穴处，力传输应由下至肘关节击打点，全身发力 2. 保护措施：配手在配合训练时，当主攻手抓腕反拧对手手臂时，注意身体配合，击头时对手应用掌护头		行为示范法